AF140148

Vittai Danhoff

Küss mich alltagstauglich

Zwischen Individualität und Einzigartigkeit

Essay

Bibliografische Information der Deutschen Nationalbibliothek: Die Deutsche Nationalbibliothek verzeichnet diese Publikation in der Deutschen Nationalbibliografie; detaillierte bibliografische Daten sind im Internet über dnb.dnb.de abrufbar.

Herstellung und Verlag:
BoD – Books on Demand, Norderstedt

ISBN: 978-3-7392-3712-1

Inhaltsverzeichnis

für Caro-Maria

Vitalität

In diesen Tagen und Nächten ist es wieder kühler geworden. Böige Winde haben den Winter und das Eis vertrieben und mit ihm die Ruhe und samtene Sanftheit des Schnees. Das aufgeregte Zwitschern der Spatzen, wenn unendliche Stille in riesigen Flocken vom Himmel fiel, und die behutsamen lautlosen Spuren der Katzen im Schnee sind verschwunden. Der nahe Frühling zögert noch. Es ist die Zeit dazwischen, die Zeit zwischen allem was war und was sein wird.

Wir hoffen wieder auf Neues, - was wird dieses Jahr uns bringen, wird es besser als das alte? Die Seminare mit den Vorlesungen über Horoskope sind gut besucht: Wie wird es finanziell weitergehen, wie in Beruf und Familie? Ja - und wie in der Liebe? Wird uns der Traummann, die Traumfrau über den Weg laufen? Oder wird es wieder nichts?

Die ersten Schwäne fliegen über die nahen schneefreien Felder oder sitzen wie weiße vergessene Tupfer auf noch grauer Erde. Vielleicht sind es die drei, die letztes Jahr im nahen Teich, dicht an der Straße, zur Welt gekommen sind. Ein unvergessenes Schauspiel, als der Schwanenpapa wochenlang mit hocherhobenem Haupt auf der Straße die Autos anhielt. Die Schwanenmama stupste ihre drei kleinen, neugierigen, noch grauen Schwanenküken vor sich her, die stolz und quakend ihre ersten Schritte über grauen Asphalt in die Welt wagten. Werden sie sich dieses Jahr ihren Partner fürs Leben suchen? Man sagt doch, dass Schwäne ein Leben lang zusammen bleiben!? Auch wir tragen doch den Wunsch in uns, den einen richtigen Partner für ein ganzes Leben zu finden! Sind Schwäne so viel klüger als wir?

Ein Paar, beide über 80 und schon ein Leben lang zusammen, wurde nach dem Geheimnis ihrer noch immer lebendigen Beziehung gefragt. Sie antworteten, dass ihre Beziehung noch in einer Zeit entstanden ist, wo man Dinge noch repariert hat. Man brauche sich doch nicht zu wundern, dass Beziehungen heute so schnell auseinander gehen, wo man doch alles, was kaputt ist, gleich wegwirft.

Warum ist das so? Warum sind Beziehungen, Menschen scheinbar so wertlos geworden? Warum sind wir so magersüchtig geworden, magersüchtig am Herzen? Wir haben ständig Sehnsucht, schlingen Beziehungen im Eiltempo hinunter und würgen die unverdaute Realität wieder hervor, noch bevor wir satt geworden sind. Ein Freund sagt, es fehlt an Bereitschaft, die Verantwortung für eine Beziehung zu übernehmen. Die Gesellschaft wiederum entlässt uns bereitwillig aus dieser Verantwortung, indem sie uns auf unsere individuellen Bedürfnisse reduziert. Wir flüchten uns in die virtuelle Welt unserer Erinnerungen und Träume. Lieber noch zehn Freunde mehr, mit denen wir wunderbar sorglos über die Probleme der Welt plaudern können, als einen einzigen streitbaren, mit dem wir auch unsere Tränen teilen.

So lernen wir die kleinen Dinge des Lebens schätzen und unsere Briefkästen sind täglich voll mit Werbung für Dinge, die unser Leben noch schöner und leichter machen. *Passenger* singt: Wenn du nicht das bekommst, was du liebst, lernst du die Dinge zu lieben die du bekommst ... wenn du nicht das bekommst, was du brauchst, lernst du die Dinge zu brauchen, die dich aufhören lassen zu träumen ...

Nicht nur der Umgang miteinander, in unseren Beziehungen und sozialen Kontakten, hat sich verändert, auch der Umgang mit unserem Körper ist eher schlechter als besser geworden. Kosmetika, Schönheits-OPs, Fitnesswahn, Jogging und Yoga tragen ungewollt dazu bei. Aberwitzige Diäten, Vollkorntrends, Vollwertkost, Schlankheitskuren und Müsliesserei sind heute die Aufmacher der meisten Illustrierten. Kochshows, Kochrezepte, besseres Geschirr und Pfannen sind heute der Renner. Der Dampfgarer löst die Mikrowelle ab. Salate, Smoothies, Joghurt, Schrotbrot, Omega3- und Dinkelbrötchen gelten als gesund.

Hauptsache fettarm, ballaststoff- und vitaminreich. In Kantinen, Mensen, Schulen, Kindergärten, Krippen und Krankenhäusern gibt es Wahlessen. Von Schnitzel bis Salat, ob vegetarisch oder vegan, jeder findet das Passende. Gesunde Ernährung gilt neben Fitness als Garant für eine gute Gesundheit und außerdem als trendy. Kein Fernseh- oder Radiosender, der nicht täglich Beiträge dazu ausstrahlt. Gesundheitsratgeber boomen, in jedem Supermarkt findet sich eine Ecke mit Fitnessprodukten. Aber sind wir nun wirklich gesünder geworden, wo doch nun schon Jung und Alt sich fit und gesund hält, Sport treibt und gesunde Sachen isst?

Meine Praxis lag viele Jahre lang über einem Sonnen- und Kosmetikstudio. Wenn ich aus dem Fenster schaute, konnte ich täglich Schönheiten in modischem Chic ein- und ausgehen sehen. Wenn sie bei mir in der Praxis waren, von all ihren Kostbarkeiten entblättert, klagten sie u.a. über Kopf- und Menstruationsschmerzen, über Verdauungsprobleme, Rücken- und

Knieschmerzen. Viele trugen Kontaktlinsen, hatten Allergien und Unverträglichkeiten. Bindegewebsschwächen, Cellulite und Haarausfall ließen gerade mal Dreißigjährige hinter ihrer Fassade aus teuren Make-ups und Beautyprodukten körperlich gut zwanzig Jahre älter aussehen. Adipositaspatientinnen (Fettsucht), gefangen zwischen Essattacken und Selbstablehnung. Tränen und Verzweiflung. Männer aller Altersgruppen, meist schlank mit Lendenwirbel- und Knieproblemen. Von der vielen Schreibtischarbeit die Muskulatur völlig unterentwickelt. Männer von nicht vierzig Jahren mit den Armen und Beinen von Siebzigjährigen. Hier immer häufiger: multiple Sklerose (MS). Junge alleinstehende Mütter mit zwei oder drei Kindern wirken, ausgezehrt durch die Geburten, und die oft übermenschliche Anstrengung der Betreuung ihrer Kinder, wie Sechzigjährige. Hilflos, ständig übermüdet und überfordert ringen sie ihrem Körper das Letzte ab. Doch dessen Ressourcen sind erschöpft. Ruhe, Entspannung, Entlastung, vernünftige Nahrung,

Wärme und viel menschliche Nähe sind hier dringend vonnöten.

Auf den Straßen sieht es ähnlich aus: übergewichtige, schlechtgelaunte Menschen mit Haltungsproblemen und stumpfen, glanzlosen Augen; ihr Sein in der Waage gehalten zwischen Schmerz- und Aufputschmitteln. An Schulen wurde der Einsatz leistungsstimulierender Drogen (Ritalin) diskutiert. Nur Wenige wissen, dass die Wirkung dem des Kokains sehr ähnlich ist. Lehrer an Berufs- und Oberschulen berichten über den rasant steigenden Konsum von – längst nicht mehr harmlosen und legalen – leistungssteigernden Drogen. Mädchen und Jungen sind, kaum der Kindheit entwachsen, bereits adipös oder untergewichtig mit schlechter Körperhaltung und auffallender sozialer Inkompetenz. Alte schieben ihr karges Leben tiefgebeugt und schrittweise mit einem Rollator vor sich her oder sind in Alten- und Pflegeheimen aus dem Straßenbild verschwunden. Drahtige Jogger und Radfahrer mit fehlendem Unterhautfettgewebe und starrem adrenalingetränktem Blick ecken das Ganze ab und unterstreichen den allgemein wahrnehmbar aggressiver werdenden Grundton.

Ist unser Umgang mit unserem Körper überhaupt dazu geeignet, ihn gesund und leistungsfähig werden zu lassen?

In der westlichen Welt hat sich ein sehr mechanistisches Bild vom Körper etabliert. Man spricht von Abnutzung und Verschleiß. In der Natur – so auch im menschlichen Körper – ist aber genau das Gegenteil der Fall: Dort, wo hohe Belastungen auftreten, baut die Natur zusätzliche, stabilisierende Materialien und Strukturen ein. Osteoporose beispielsweise, die hauptsächlich bei Älteren auftritt, die ihr Leben lang schwer gearbeitet haben, ist kein Kalziummangel im Körper, sondern auf die Verminderung der Belastung zurückzuführen: Durch den Abbau der kalziumbindenden Strukturen kann weniger Kalzium eingelagert werden. Der Körper baut nicht mehr benötigte Strukturen ab. Andere Faktoren bewirken, dass dieser Abbau nicht immer sinnvoll vollzogen wird und teilweise zu Funktionseinbußen führt.

Wir sind keine Autos oder Maschinen! Unser Körper nutzt sich dementsprechend auch nicht ab oder verschleißt. Beim Begriff „Abnutzung" müssen wir uns vor Augen halten, dass wir hier von normaler, das heißt physiologischer Nutzung sprechen. Unsere Körper haben jedoch eine unterschiedliche Leistungsfähigkeit. So mag Fußball spielen bei Kindern ohne weiteres noch in den Bereich normaler physiologischer Belastbarkeit fallen. Bei Erwachsenen jedoch, wo höhere Geschwindigkeiten und Kräfte wirken, kann es schnell zu Überlastungen kommen, für die der Eine oder Andere nicht ohne weiteres ausgelegt ist. Das Erkennen der eigenen Stärken und Schwächen ist eine wichtige Voraussetzung für einen gesunden Umgang mit unserem Körper. Darüber hinausgehende Belastungen sind pathologischer Art und können die entsprechenden Strukturen, wie z. B. Gelenke, zerstören. Das ist jedoch keine Nutzung, sondern Überlastung, für die unser

Körper nicht ausgelegt ist. Intelligenter Umgang mit unserem Körper bedeutet in allererster Linie, dass wir uns so zu verhalten lernen, dass wir uns selbst keinen Schaden zufügen.

Unser Körper ist ein ständig sich selbst erneuerndes und regenerierendes System in dem fortlaufend Auf- und Abbauprozesse stattfinden. Aber wodurch werden diese Auf- und Abbauprozesse gesteuert? Professor Gerald Hüther beschreibt unser Dopaminsystem als Belohnungs- und Bewertungssystem, als „Dünger" für soziale und mentale Lernprozesse. Ob seine Theorie bei den rasant sich entwickelnden Erkenntnissen in der Hirnforschung auch in Zukunft noch standhalten wird, weiß ich nicht. Ich möchte sein Dopaminsystem hier jedoch gerne als Grundidee benutzen, da es mir vom Ansatz her als absolut zutreffend erscheint. Aber ich möchte auch einen wesentlichen Schritt weiter gehen: Ich glaube, dass dieses Dopaminsystem nicht nur für unser soziales und mentales Lernpotenzial verantwortlich ist, sondern vielmehr ALLE

unsere Körperprozesse, wie eben auch die Auf-
und Abbaumechanismen bis hin zu den kleinsten
Körperstrukturen steuert.

Gesund werden und Heilung stellen für den
Körper eine zusätzliche Aufgabe dar, Heilung ist
sozusagen eine „Mehrbelastung". Aus welchem
Grund sollte der Körper diese zusätzliche
Aufgabe nun auf sich nehmen? Zumal häufig
Strukturen gebildet werden müssen, die
wesentlich belastbarer sind als die vorherigen!
Wie reagieren wir, wenn wir – ohnehin schon bis
über beide Ohren voller Verpflichtungen – mit
einer zusätzlichen Aufgabe konfrontiert werden?
Warum sollte es dem Körper anders gehen?

Bei meinem Studium der chinesischen Medizin,
fiel mir ein wesentlicher Unterschied zur
westlichen Medizin ins Auge: Hier wird der
Körper häufig als losgelöst von der
Persönlichkeit betrachtet. Der Körper erscheint
von diesem Standpunkt aus, wie ein etwa
vierjähriges Kind und in der Tat ist unser
Zellalter im gesamten Körper, bis auf wenige

Ausnahmen, kaum älter als sieben Jahre. Kinder in diesem Alter besitzen erstaunliche Fähigkeiten, beispielsweise ist ihr Lernvermögen mehr als doppelt so groß als bei einem Erwachsenen und außerdem ist ihre psychologische und soziale Wahrnehmung viel feiner ausgeprägt. Damit reagieren sie wesentlich sensibler auf Zuwendung und Zurückweisung als Erwachsene. Kinder brauchen Zuwendung, Lob und Ermunterung. Sie brauchen Geduld und Verständnis. Aber sie sind auch agil, sie lieben die Herausforderung, sind ständig neugierig und wollen auf eigene Faust die Welt erobern, alles können und alles wissen. Dennoch brauchen sie die Gewissheit, dass wir ihnen zur Seite stehen.

Vor kurzem konnte ich eine Begebenheit beobachten, die als schönes Beispiel hierfür dienen kann: Ein kleines Mädchen, welches gerade ihre ersten unsicheren Schritte wagte, versuchte, von ihrem Papa wegzulaufen. Nach drei bis vier Schritten – sie war vielleicht anderthalb Meter weg – ermahnte ihr Vater sie liebevoll, doch nicht so weit zu laufen, er könne doch gar nicht so schnell hinterher. Das Mädchen war unglaublich stolz und strahlte ihren Papa an. Dann drehte sie sich wieder um und lief weiter. Weitere Ermahnungen des Vaters, das strahlende Kind schaute jedes Mal nach ihrem Papa und lief dann freudestrahlend weiter. Etliche Minuten vergingen so, bis ihr Vater sie schließlich wild knuddelnd wieder zur Mutter trug, die sie lachend in den Arm nahm. Die Dopaminproduktion dieses kleinen Mädchens lief jetzt auf Hochtouren: Laufen ist etwas Schönes, alles ist möglich, Mama und Papa haben mich lieb!

Wenn wir uns nun einen Körper vorstellen, ausgestattet mit der Empfindsamkeit und Bedürftigkeit eines vierjährigen Kindes, und uns vor Augen halten, was wir ihm täglich zumuten, wird uns wohl bewusst, dass hier ein gewaltiges Umdenken erforderlich ist! In Asien geht man davon aus, dass zwar unsere Persönlichkeit sich fortlaufend entwickelt, unser Körper aber weitgehend der selbe bleibt – egal ob wir nun am

Anfang unseres Lebens stehen oder die Hundert bereits überschritten haben.

Unser Körper braucht Zuwendung, Zuwendung von uns! Er braucht unser Wohlwollen, unsere Zuversicht und Geduld! Wer ein Kind, hat weiß das. Für ihn ist es unvorstellbar, einen ganzen Tag lang ein Kind nicht zu beachten oder gar über Wochen hin! Unvorstellbar auch, ein Kind ständig missmutig, mit herunterhängenden Mundwinkeln anzuschauen. Wenn wir in den Spiegel schauen, schauen wir unseren Körper an. Aber auch wenn wir nicht in den Spiegel schauen, weiß unser Körper, wie wir gerade denken – er muss uns ständig aushalten, all unsere Launen ertragen. Wer das für Polemik hält, mache sich bitte deutlich, dass unser Körper für alle unsere Gefühle und Gedanken sämtliche Neurotransmitter (Botenstoffe) zur Verfügung stellen muss. Nichts geschieht, ohne das sich der Körper angesprochen fühlt, denn er muss es ausbaden! Wenn wir uns längere Zeit über einen Nachbarn oder Arbeitskollegen ärgern, fragt unser Kind oder Partner vielleicht noch „Was hast du?" Unserem Kind gegenüber sagen wir vielleicht noch „nichts, mein Liebes, ich ärgere mich nur über etwas auf Arbeit, ist gleich vorbei!" An unserem Körper jedoch lassen wir ungebremst unseren Ärger aus … – bis, ja, bis die entsprechenden Neurotransmitter erschöpft sind. Wir bekommen Hunger, werden müde, bekommen Lust auf etwas anderes und im schlimmsten Fall reagieren wir psychosomatisch und bekommen Schmerzen oder Krankheiten – unser Körper beginnt, sich zu schützen!

Vor kurzem klagte ein Patient, neben anderen Beschwerden, über seine schlechte Dehnung, er wäre unglaublich steif. Sein Physiotherapeut hätte ihm gesagt, er habe zu kurze Sehnen – was mich dazu veranlasste, ihm zu sagen, dass das Unsinn ist und die Beweglichkeit bei kürzeren Sehnen eher höher sein müsste. Die Sehnen-Muskel-Struktur verbindet zwei oder mehr Knochen miteinander, wobei jeweils die Sehne am Knochen befestigt ist. Dazwischen befindet sich der Muskel. Die Übergänge zwischen Muskeln und Sehnen sind fließend. Bei kürzeren

Sehnenanteilen sind also die Muskelanteile länger, diese jedoch sind dehnbar – wobei der Begriff Dehnung medizinisch ohnehin nicht korrekt ist, da es sich bei Muskelgewebe um gegeneinander verschiebbare Proteinstrukturen handelt. Bei kürzeren Sehnenanteilen hätten wir also größere Muskelanteile uns damit gute Voraussetzungen für eine hohe Geschmeidigkeit. Außerdem besitzt der Körper zeitlebens die Möglichkeit, innerhalb kürzester Zeit Muskelgewebe je nach Bedarf auf- und abzubauen.

Warum aber ist es diesem Patienten nicht möglich, seine natürliche Beweglichkeit zu nutzen? Ich fragte ihn, wie er sich denn dehne und er erzählte, das er beim Yoga gelernt hätte, in den Schmerz hineinzugehen. Ich bat ihn, es mir einmal zu zeigen, worauf sich mir ein bemitleidenswertes Bild bot: Missmutig, stöhnend und ächzend zerrte ein erwachsener kräftiger Mann an seinem Fuß herum, begleitet von Sätzen wie: „Das geht einfach nicht, das schaffe ich nicht, ich bin zu alt dafür, ich konnte das noch nie!" Es ist der Körper, mit dem wir reden! Er ist es, den wir so ansprechen: „Du schaffst das nicht, du bist zu alt dafür!"

Wir sollten so nicht mit unserem Körper umgehen – körperliche Gewalt und Ablehnung sind kein Weg! Geduld und Zuversicht sind auch und gerade im Umgang mit unserem eigenen Körper genauso vonnöten, wie mit anderen Menschen oder eben mit Kindern. Eine gute Dehnung braucht sanfte Beharrlichkeit und die Fähigkeit, mit Schmerzen gefühl- und verständnisvoll umzugehen. Dehnung tut weh: Schmerz ist die Sprache unseres Körpers, der uns sagt, dass er Angst vor einer Überlastung hat. Es ist an uns, ihm deutlich zu machen, dass wir uns dessen bewusst sind und darauf achten, ihn nicht zu überlasten. In dem Maße, in dem unser Körper Vertrauen in unsere Obhut gewinnt, wird sich unsere Beweglichkeit nach und nach deutlich verbessern. Probieren Sie es aus! Machen Sie die ersten siebzehn Wiederholungen Ihrer Dehnungsübung so, dass Sie den Schmerz gerade spüren. Die nächsten vier Bewegungen gehen Sie bis in die volle Belastung, dann versuchen Sie bis zur dreißigsten Bewegung wieder, kurz darunter zu bleiben. In wenigen Wochen wird sich auf diese Weise Ihre Dehnung deutlich verbessert haben. Wir haben viel in Pädagogik und Psychologie viel dazugewonnen in den letzten Jahrzehnten. Warum wenden wir es also nicht auch auf uns selbst an? Unserer Gesundheit würden wir damit einen unschätzbaren Dienst erweisen.

Keineswegs spreche ich mich hier gegen einen leistungsorientierten Umgang mit dem Körper aus. Im Gegenteil: Eine gut entwickelte Muskulatur und Dehnung lassen unsere Bewegungen geschmeidiger werden, Unfallrisiken und das Risiko von Erkrankungen werden minimiert. Unser Körper liebt die Herausforderung! Immer wieder sind in Videos Kinder zu sehen, die mit scheinbarer Leichtigkeit die unglaublichsten akrobatischen Leistungen vollbringen – sei es im Tanz, in der Akrobatik oder im Kampfsport. Diese Kinder sind keineswegs außergewöhnlich, sie wurden nur mit viel Geduld immer und immer wieder motiviert. Ein wesentlicher Teil dieser Motivation besteht darin, dass man es ihnen zeigt, immer und immer wieder. Erklärungen oder Ermahnungen sind hier fehl am Platze! Zusehen und nachmachen – so lernen Kinder, so lernt der Körper am schnellsten. Im Lauftraining in der Schule meiner elfjährigen Tochter fährt der Sportlehrer mit dem Fahrrad neben den Kindern her und gibt Ratschläge – kein Wunder, dass meine Tochter den Sportunterricht nicht mag.

Unser Körper braucht Erfolg, Engagement und Einfühlungsvermögen. Eine Bewegung muss sich gut anfühlen, dann ist sie auch gesund! Wenn wir den Körper mit Normen konfrontieren, ihn zwingen oder nötigen, wird er sich zu wehren wissen und mehr und mehr die geforderten Leistungen verweigern. Seine Methoden sind dabei vielfältig: Lustlosigkeit (Dopaminmangel!), Schmerzen … Das gilt insbesondere für Verletzungen, die scheinbar ewig nicht richtig heilen: Auch hier fehlt der „Dünger", denn warum sollte der Körper

Strukturen wieder reparieren, wenn ihm daraus erneut Nachteile entstehen? Medizinische Untersuchungen diesbezüglich sind dann auch häufig ohne entsprechenden Befund. Oder aber – die Lieblingswaffe unseres Körpers: keine Zeit, hab es einfach nicht geschafft! Auch hier spielt unser Dopaminsystem eine entscheidende Rolle: Warum sollte unser Körper die Substanzen produzieren, die uns motivieren, unser Vorhaben anzugehen, wenn es seine Erfahrung ist, dass es keinen Spaß macht oder in Quälerei ausartet? Zu einer Verabredung mit Freunden kommt niemand zu spät oder fehlt. Im Gegenteil, wir freuen uns darauf, manchmal schon lange vorher, unser Dopaminsystem läuft auf Hochtouren! So schiebt sich unser Terminkalender scheinbar wie von selbst und wir finden Zeit!

Soll unser Körper uns gute Dienste leisten, müssen auch gut mit ihm umgehen. Er braucht Zuwendung, Zeit und Aufmerksamkeit, eben wie ein vierjähriges Kind! Wir haben in den vergangenen Jahrzehnten gelernt, das es gesund ist, sich die Hände zu waschen und die Zähne zu putzen. Vielleicht werden noch einige Jahrzehnte vergehen, bis wir begreifen, dass Joggen vielleicht unserem adrenalin- und endorphinsüchtigen Ego gut tut, jedoch kaum einen gesunden Umgang mit dem Körper darstellt. Schwitzen stellt einen Energieverlust dar und soll den Körper vor Überhitzung schützen. An einer Sauna ist nicht das Schwitzen gesund, sondern das anschließende Kältebad. Das vorherige „Aufwärmen" soll lediglich einer Unterkühlung des Körpers im anschließenden Kältebad vorbeugen. Wenn wir die Sauna dazu nutzen, uns einmal wieder so richtig aufzuwärmen und das anschließende Kältebad lieber auslassen, sollten wir die Sauna lieber meiden. Äußere Wärme schwächt unseren Körper – wir werden infektanfälliger –, während Kältereize ihn stimulieren, selbst aktiv zu werden. Die Behaarung unserer Haut stellt für die Wärme- und Kälteregulation unseres Körpers eine Zone wichtiger Mikrozirkulation dar. Unser Körper fühlt sich mit normaler Körperbehaarung und in weicher weiter Kleidung wesentlich wohler als in hautengen, enganliegenden

Synthetikhäuten – egal, was die entsprechenden Hersteller auch suggerieren mögen, es bleibt ein Tummelplatz der Eitelkeiten und schadet, wie auch großflächige Rasuren, der Wärmeregulation unserer Haut, was uns empfänglicher für Infekte macht. Der Verlust an Körperwärme zieht jedoch auch einen Verlust an „innerer Wärme" nach sich, was uns „frostiger" oder kälter werden lässt, auch im Umgang miteinander. Warmherzigkeit braucht eben in allererster Linie Wärme und verringert ebenso das Risiko onkologischer Erkrankungen.

Ein körpergerechter Umgang mit unserem Körper sollte die Bedürfnisse des Körpers im Fokus haben: Unser Körper liebt die Herausforderung, das Spiel, das Miteinander! Den Körper wie beim Yoga in starren Positionen verharren zu lassen, mag sich gut auf Fotos vermarkten und schick fürs Ego sein, für den Körper bringt es aber keinen Zuwachs an Vitalität. Eine gute Dehnung verbessert zwar den Spielraum der Gelenke, ohne die entsprechend entwickelte Muskulatur ist deren Schutz und

Versorgung jedoch nicht mehr gewährleistet. Es kommt zur Schwächung des Bindegewebes, wodurch die Gelenkbeweglichkeit zwar erhalten, aber die Gesamtbeweglichkeit und -vitalität oft deutlich eingeschränkt ist. Der Mangel an Vitalität macht sich zuallererst in Stimmungsschwankungen und verminderter Konfliktfähigkeit bemerkbar, oft lange bevor physiologische Einschränkungen wahrnehmbar sind.

Der Schlüssel zu einem langen und gesunden Leben ist eine Kombination aus Bewegung und Stille, Kultivierung des Lebens durch die Kontrolle des Qi, der vitalen Energie des Körpers, und dem Bewegen von Händen und Füßen beim Training des Kung Fu. sagte Großmeister Lu Zijian. Er lebte von 1893 bis 2012 und starb kurz vor seinem 120sten Geburtstag. Die Entwicklung einer funktionsgerechten und funktionstüchtigen Muskulatur, die Verbesserung der motorischen Fähigkeiten, zusammen mit hervorragender Dehnung und der Fähigkeit, sich in allen drei

Bewegungsebenen frei im Raum bewegen zu können, schaffen gemeinsam einen Zuwachs an Vitalität. Wir finden dies im Tanz, im Kampfsport, aber auch beim Volley- oder Basketball.

Für den Umgang mit dem Körper sollten wir uns Zeit nehmen und Geduld. Trauen Sie keinem, der Ihnen eine Übung anbietet, mit der man in der Hälfte der Zeit das Gleiche erreichen kann. Der Körper braucht mindestens zwanzig Minuten, bis er sich auf die an ihn gestellten Anforderungen eingestellt hat. Unsere Gehirntätigkeit braucht so lange, bis sie sich aus dem normalen Alltags- und Denkmodus auf die optimale Versorgung des Körpers umstellen kann. Eine viel geringere Aktivität unseres Neokortex ist dafür notwendig. Sind wir mit unseren Gedanken noch irgendwo anders, unterhalten wir uns beim Joggen oder hören dabei Musik, dann verhindern wir sein „Herunterfahren". Der Körper bekommt nicht unsere volle Aufmerksamkeit, Muskeln und Gelenke werden nicht optimal versorgt. Eine hohe Aktivität unseres Neokortex und aktive

Muskel- und Körperarbeit widersprechen einander. Dementsprechend wird unser Körper seine Leistungsfähigkeit nicht voll entwickeln können und sportliche Aktivität bleibt Stress. Sportarten, die ein hohes Maß an taktischen Überlegungen, also „Mitdenken" erfordern, bergen deshalb auch ein wesentlich höheres Verletzungsrisiko in sich.

Die körperliche Belastung sollte bei Betätigungen, wie Sport, in einem Bereich von etwa 60–80 % liegen. Eine zu geringe Belastung schafft einen zu geringen Reiz, unsere Leistungsfähigkeit wird dann nicht wesentlich verbessert. Vergessen wir nicht, dass der Körper nur Strukturen erneuert, aufbaut oder repariert, die auch gebraucht werden. Ist die Belastung jedoch zu hoch, dann kommt es zur Mangelversorgung von Muskulatur und Organen: Stress entsteht, der Körper schaltet auf Notversorgung um und wir beginnen zu schwitzen, bis schließlich die Adrenalinausschüttung beginnt. Im Bereich bis 80 % unserer Leistungsfähigkeit, ist der Körper meist sehr gut in der Lage, das Gewebe auch über Stunden hin, ausreichend zu versorgen. Selbst für nötige „Reparaturen" hat er außerdem noch genügend Spielraum. Nur so ist es nachvollziehbar, wie es möglich ist, zehn und mehr Stunden am Tag zu trainieren und das über Wochen, wie ich es beispielsweise in Wudang-Klöstern in China erleben konnte. Dass es einem so entwickelten leistungsfähigen Körper auch leichter fällt, mit Infekten, Verletzungen oder vielen Stunden Schreibtischarbeit zurechtzukommen, liegt auf der Hand.

Unglaublich schön ist es, immer wieder zu erleben, wie Schüler oder Patienten bei entsprechend gestaltetem Training innerhalb weniger Monate regelrecht aufblühen. Am deutlichsten ist mir der Fall einer Dame vor Augen, die in diesem Jahr ihr sechzigstes Lebensjahr vollendet. Sie hatte sich ihr Leben lang nie sportlich betätigt und war vor einem Jahr noch unbeweglich und unglücklich mit ihrem Körper. Heute scheut sie vor keiner noch so komplizierten Aufgabe und sitzt freudestrahlend im Spagat! Am schwierigsten ist immer wieder die „Reprogrammierung" des Denkens: der Arbeit am „Wollen", an der Vorstellungskraft, dass solche Veränderungen auch wirklich möglich sind. Zu tief sitzen oft die gesellschaftlich programmierten Dogmen von Verschleiß, Alter und Krankheit. Wenn wir aber den Körper aufgeben, dann gibt er sich auf! Unser Körper braucht Ermunterung und Zuversicht. Mit Schmerzmitteln und Medikamenten bringen wir seine Einwände zum Schweigen und sagen ihm damit, dass er uns nicht interessiert und uns in Ruhe lassen soll. In einer Zeit, in der wir die Natur und die Natur des menschlichen Körpers verstanden haben werden, werden wir auch einsehen, wie widernatürlich und unmenschlich unsere heutige Sicht auf den Körper und auf die Natur ist.

Als mein Sohn etwa zweieinhalb Jahre alt war, ich hatte ihn von der Tagesbetreuung abgeholt und wir kamen nach Hause. Auf dem Weg, an meiner Hand, hatte er noch munter geplappert und mir die vielen kleinen Kostbarkeiten seines aufregenden Tages offenbart. Im Hausflur angekommen, sagte er, ich solle ihn hoch tragen. Ich sagte ihm, dass ich keine Lust hätte, so einen großen schweren Jungen die vier Treppen hoch zu tragen, er könne doch schon allein laufen, und bot ihm meine Hand. Er setzte sich ein wenig eingeschnappt auf die Treppe und sagte, Mama würde ihn immer hoch tragen. Ich setzte mich zu ihm auf die Treppenstufe. Nach einer Weile fragte ich ihn, ob er nicht doch wenigstens ein paar Stufen gehen möchte, oben könnten wir dann den mitgebrachten Kuchen essen. Er hätte keinen Hunger mehr, war die Antwort. Ich versuchte etwas anderes: „Wie weit kannst du eigentlich schon zählen?" Er sah mich an, seine Augen strahlten: „Bis zwanzig!" Ich nutzte die Chance: „Komm", sagte ich, „für jede Zahl, die du schon kannst, eine Treppenstufe!" Er erhob sich und stapfte los. Nach etwa 4 Stufen hatte er meinen Trick durchschaut: „Ich gehe aber nicht die ganze Treppe hoch, nur bis zur nächsten Treppe." Am nächsten Absatz angekommen, setzte er sich wieder hin: „Ich gehe nicht weiter!" Ich setzte mich wieder zu ihm und probierte es

wieder mit dem Kuchen – er sagte, er hätte
keinen Hunger und der Kuchen würde ihm
sowieso nicht schmecken (dabei hatte er ihn
beim Bäcker selbst ausgesucht!), außerdem möge
er Kuchen sowieso nicht, er würde höchstens
Kekse essen. Ich stand auf, bot ihm meine Hand:
„Na dann komm, lass uns schauen, ob noch
Kekse da sind." Das half für ein paar weitere
Stufen. An diesem Tag brauchten wir etwa
zwanzig Minuten bis nach oben. Als sich die Tür
öffnete, verkündete der jetzt wieder putzmuntere
Junge: „Mama ich bin ganz allein die Treppen
hoch gelaufen, wir haben Kuchen mitgebracht!"
und stürzte in die Wohnung, auf seinen Platz in
der Küche. Von diesem Tag an lief er täglich
allein die vier Treppen hoch. Nur wenn er krank
war oder nach einer langen Fahrt im Auto
eingeschlafen, trug ich ihn noch manchmal hoch.
Es braucht oft viel Geduld und Behutsamkeit,
gesteckte Ziele zu erreichen. Belohnt werden wir
jedoch mit gesteigerter Leistungsfähigkeit und
dem Stolz auf Erreichtes.

Der Körper hat seine Hochs und Tiefs! Für uns als Personen nehmen wir sie als selbstverständlich in Kauf und bitten um Rücksicht, wenn es uns nicht gut geht. Auf den Körper zu achten, bedeutet, seine momentane Leistungsfähigkeit zu berücksichtigen. Das trifft auch auf eine gesunde Ernährung zu: Eine gesunde Ernährung muss die momentane Leistungsfähigkeit berücksichtigen. Der Körper muss in der Lage sein, die aufgenommene Nahrung auch sinnvoll zu verarbeiten, sie zu „überwinden", so Hildegard von Bingen. Die „Verdauungskraft" wird in der indischen Medizin Agni, Feuer, also Verdauungsfeuer genannt. Hildegard von Bingen nannte die Verdauung dementsprechend die „zweite Kochung". In der chinesischen Medizin wird die Verdauungskraft als Magen-Qi bezeichnet und sein Zustand kann unter anderem an der zweiten Pulstaststelle des rechten Handgelenks getastet werden. Auch über das Zungenbild und das Hautkolorit kann man einen Eindruck vom Zustand des Magen-Qi gewinnen.

Von der Verdauungskraft ist es abhängig, ob der Körper die aufgenommene Nahrung verarbeiten kann, unabhängig davon, ob wir sie als „gesund" oder nahrhaft bezeichnen. Rohes Obst und Gemüse sind schwer zu verdauen, ebenso Müsli und Körnerprodukte. Je länger Gemüse gekocht wird, desto leichter ist es verdaubar. Vitaminmangel ist heute sehr selten und meist auf die Unfähigkeit des Körpers zurückzuführen, Vitamine aufzunehmen. Wer meint, Vitamine zu brauchen, kann diese heute problemlos mit sehr geringer Körperbelastung in Tablettenform oder als Dragees zu sich nehmen. Gelangen unverdaute Nahrung oder Nahrungsreste in den Dickdarm, kommt es aufgrund der dort vorhandenen Darmflora meist zu unerwünschten Belastungen des Körpers. Die meisten „Unverträglichkeiten" lassen sich darauf zurückführen. Auch die aufgenommene Nahrungsmenge und wie gut sie zerkleinert, also „durchgekaut" ist, spielen eine entscheidende Rolle. Etwa 1200 kcal täglich sind für den Körper bei gesunder Verdauung, durchaus ausreichend. Erst unterhalb 800 kcal täglich, über einen längeren Zeitraum, kann es zu Mangelerscheinungen kommen.

Die Nahrung sollte hauptsächlich aus gut gekochtem Gemüse bestehen.
Abwechslungsreiche Nahrung stellt den Körper vor eine zusätzliche Belastung. In Gebieten, in denen eine geringere Auswahl an Nahrungsmitteln zur Verfügung steht, haben wir entsprechend weniger „Zivilisationskrankheiten". Außerdem sollten wir dem Körper genügend Zeit lassen, die Nahrung zu verdauen. Er braucht dafür etwa vier Stunden für eine Mahlzeit. Der Snack zwischendurch gehört hier also in den Bereich der Genussmittel! In Kalifornien ist eine farbige Frau von bemerkenswerter Gesundheit und jugendlicher Ausstrahlung – sie war bereits über 60 Jahre alt – bekannt geworden, die sich ausschließlich durch selbst angebautes rohes Gemüse ernährt – beneidenswert! Ihre Verdauungskraft ist außergewöhnlich stark! In unseren mitteleuropäischen Breiten ist sie in der Regel bedeutend schwächer, kann aber trainiert werden.

Auf unverträgliche oder übermäßige Nahrung reagiert der Körper ähnlich wie auf einen Infekt, nämlich mit Antriebslosigkeit, Lustlosigkeit, Völlegefühl, Müdigkeit oder Schlappheit. Die Konzentration sinkt, wir reagieren mit Verstimmungen, Gereiztheit und verminderter Belastbarkeit. Die Infektanfälligkeit steigt. Muten wir unserem Körper besser nur das zu, was ihm auch zuträglich ist. Eine immer stärker werdende Individualisierung übersieht oft die Einzigartigkeit unseres Körpers und artet schnell – und leider immer häufiger – in Rücksichtslosigkeit gegenüber unserem Körper aus. Gesundheitsratgeber sprechen unser schlechtes Gewissen und unser „Hintergaumenbewusstsein" an, appellieren an unser Ego als Konsumenten. Nicht immer ist, was raffiniert zubereitet aus dem Bioladen auf unseren Tisch kommt, auch wirklich gesund – egal, wie schadstoffarm das Gemüse und wie glücklich die Tiere sind. Es liegt in unserer Verantwortung, zu schauen, was uns wirklich gut tut. Sport oder Ernährung sollten immer zur Verbesserung der Leistungsfähigkeit und

Steigerung des Wohlbefindens führen – nicht langfristig, sondern unmittelbar!

Die fehlende oder unzureichende Wahrnehmung unserer körperlichen Bedürfnisse ist ein großes Defizit auf unserem Weg zu mehr Individualität. Eltern und Schulen vernachlässigen die körperliche Entwicklung von Kindern immer mehr, zu Gunsten einer frühreifen geistigen Entwicklung. Die frühe Selbstständigkeit von Kindern entlässt Eltern und Erzieher früher aus der Verantwortung. Die Kinder sind früher sich selbst überlassen.

Unser Leben ist an unseren Körper gebunden. Dieser wiederum ist Teil der Natur und folgt seinen eigenen Jahrmillionen alten Gesetzen. Er ist auf ein „Überleben" von etwa sechzig Jahren ausgelegt und erlangt mit etwa 45 Jahren seine höchste Leistungsfähigkeit. Ein gesundes Leben darüber hinaus, hängt von unserer Lebensqualität und von unserem Verhältnis zu unserem Körper ab. Daran wird sich auch in Zukunft nichts ändern, was auch immer für Medikamente und

Heilverfahren entwickelt werden, uns das zu suggerieren. Wir können den Körper, die Natur, nicht austricksen, am Ende fordern sie ihr Recht ein: Je rücksichtsloser wir mit unserem Körper umgehen, desto mehr und neue, oft scheinbar unbehandelbare Krankheiten wird er entwickeln – wir lassen ihm keine andere Wahl!

Ein normaler Patient der zivilisierten Welt ist heute in der Regel „multimorbide", d.h., er hat mehrere chronische Erkrankungen unterschiedlicher Organsysteme und entsprechend viele verschiedene Beschwerden mit entsprechend verschiedenen Behandlungen und Medikamenten. Die moderne Medizin ist hier machtlos, man wartet auf neue Medikamente und Erkenntnisse. Sie muss etwas leisten, wozu sie nicht imstande ist: Sie soll einen Organismus reparieren, den sie bisher nicht verstanden hat und der in einer Art und Weise behandelt wird, wie es die Natur nicht vorgesehen hat. Niemand käme auf die Idee, mit seinem Auto statt zu bremsen, gegen eine Wand zu fahren und sich auf Notfallsysteme wie den Airbag zu verlassen.

Sicherlich kann das repariert werden, aber irgendwann wird Ihr KFZ-Meister Ihnen raten, sich ein neues Auto zuzulegen. Unser Umgang mit dem Körper ist ungeheuer rücksichtslos geworden, mit unseren Autos gehen wir nicht so um: Wenn wir uns darüber beklagen, dass die Tankanzeige aufleuchtet, wird es niemand für eine gute Idee halten, die Lampe herauszuschrauben. Viele Medikamente sind heute sogenannte „Mediatorenblocker", dazu gehören Schmerzmittel, Kortisone, Rezeptorenblocker und viele andere gebräuchliche Medikamente. Mit ihnen unterbrechen oder hemmen wir den Signalfluss in unserem Körper – wir schrauben die Warnanzeige heraus. Als Notfallmedikation mag das durchaus gerechtfertigt sein, aber als Dauermedikation?

Unser Körper kann nicht leisten, was außerhalb seiner natürlichen Grenzen liegt. Und diese Grenzen sind individuell! Jeder Mensch, jeder Organismus besitzt seine eigenen äußerst spezifischen Anpassungsmechanismen. Jeder

Einzelne von uns ist aufgefordert, herauszufinden, wie diese für ihn funktionieren, dann wird es auch keine Utopie darstellen, mit einhundertzwanzig noch leistungsfähig und glücklich zu sein!

Es spielt keine Rolle, ob wir Sport treiben, uns nach den neuesten Erkenntnissen der Gesundheitsratgeber richten, rauchen oder gern einen guten Tropfen zu uns nehmen, solange wir uns wohl dabei fühlen! Sich wohlfühlen bedeutet, den Körper zeitlebens als einen „Schatz", als eine Quelle der Bereicherung zu erleben, nicht als Last oder Ursache von Qualen. Er macht es uns erst möglich, aktiv am Leben teilzuhaben – gehen wir also entsprechend mit ihm um! Alte gesunde Menschen sind aktive Menschen – Lebensmut, Optimismus und ein ausgeprägter Sinn fürs Schöne, gehören jedoch in jedem Fall dazu! Wenn wir einen Rat für unsere Gesundheit oder ein langes glückliches Leben suchen, fragen wir besser diejenigen, die 90 und älter sind und glücklich sind. Es ist nicht nötig, dazu nach Asien oder sonst wohin zu

reisen, schauen wir uns hier Menschen an –
Menschen, die unter den gleichen Bedingungen
leben wie wir. Der Tod sollte uns in einer
zufriedenen Müdigkeit vorfinden, nicht in
Krankheit. Wenn wir krank sterben, werden wir
durch den Tod nur vom „Überleben" erlöst!

Körperliche Vitalität stellt für uns die wichtigste
Voraussetzung für ein glückliches und erfülltes
langes Leben dar, ob wir nun als medizinisch
gesund und leistungsfähig gelten, ob wir
behindert sind oder ob unser Körper von
Krankheit gezeichnet ist. Aber genügt
körperliche Vitalität für ein glückliches erfülltes
Leben?

In seinem Buch „Der Zahir" lässt Paulo Coelho
den Jesuiten Teilhard de Chardin zu Wort
kommen: *Wir beherrschen bereits die Energie
des Windes, der Meere und der Sonne. Doch an
dem Tag, an dem der Mensch die Energie der
Liebe zu beherrschen weiß, wird dies so wichtig
sein wie die Entdeckung des Feuers.*

Körperliche Vitalität stellt gewissermaßen nur eines der wichtigen Lebensbedürfnisse für uns dar. Wie viele und welche Lebensbedürfnisse wir als wichtig erachten, hängt von unserer Betrachtungsweise, von unserer Perspektive ab. In der indischen Betrachtungsweise beispielsweise sprechen wir von drei Kräften oder Energien. In der Astrologie oder Psychophysiognomik sprechen wir von zwölf Energien oder Bildungskräften. In der chinesischen Betrachtungsweise nun wird – den fünf Elementen entsprechend – von fünf Energien, Elementen oder Quellen gesprochen. Welche dieser Betrachtungsweisen wir nun für uns als wertvoller erachten, hängt ausschließlich von unseren persönlichen Vorlieben ab. Für den Erhalt der Sinnhaftigkeit ist es jedoch zweckmäßig, die einmal eingenommene Perspektive beizubehalten.

Die fünf Bereiche des Lebens nach der chinesischen Sichtweise sind hierarchisch aufgebaut und gewinnen erst im Laufe der persönlichen Entwicklung an Bedeutung. Und obwohl alle fünf Bedürfnisse von Anfang an für uns wichtig sind, ist ihnen dennoch jeweils ein ganzer Lebensabschnitt von etwa sieben Jahren zugeordnet. So ist es auch zu verstehen, dass wir in der asiatischen Auffassung erst nach etwa fünf mal sieben Jahren als „erwachsen" gelten. Das bedeutet in der Praxis, dass die Erfahrungen, die wir mit den jeweiligen Themen oder Bedürfnissen in den entsprechenden Lebensabschnitten machen, unsere späteren Auffassungen diesbezüglich entscheidend prägen. Das bedeutet aber auch, dass Erfahrungen, die wir schon früher mit bestimmten Themen wie beispielsweise Gemeinschaft gemacht haben, von den in den dafür vorgesehenen Lebensabschnitten gemachten Erfahrungen überschrieben werden, seien diese nun positiv oder negativ, da in dieser Zeit eine besondere Bereitschaft zur „Prägung" besteht.

Im Kleinen kennen wir dies auch von der chinesischen Organuhr. Diese Sichtweise ist keineswegs nur psychologisch gemeint. Zu den entscheidenden fünf Themen gehören sogenannte Funktionsbereiche oder Elemente bzw. Organzuordnungen. Für ein langes und vitales Leben gehört also die Entwicklung und Stimulation aller Funktionsbereiche. Die Entwicklung der körperlichen Vitalität oder deren Erleben als Bereicherung ist den ersten etwa sieben Lebensjahren zugeordnet. Das bedeutet, dass die Erfahrungen aus dieser Zeit im Umgang mit Themen wie Verletzungen, Ruhephasen, Motivation und Lust auf körperliche Betätigung unsere spätere Einstellung zu Leistungsfähigkeit und Belastbarkeit oder Krankheiten wesentlich prägen. Kinder, deren Eltern bei jeder Verletzung oder Erkrankung gleich in Panik geraten und nach Vermeidungsstrategien schreien, werden in der Regel später schlechter mit entsprechenden Belastungen klarkommen und wesentlich mehr Zeit zur Genesung brauchen.

Das Erleben körperlicher Vitalität stellt also die erste wichtigste Erfahrung in unserem Leben dar, den ersten „Schatz", den wir als Zutat für unser

Leben geschenkt bekommen. Anders ausgedrückt, stellt es die erste und auch wichtigste Quelle unserer Lebensenergie dar. Der Funktionskreis Magen ist ihm zugeordnet. In der Lehre des Neidan der Wudang-Berge in China ist es der Dämon, der – von Angst und Unsicherheit beherrscht – den Umgang mit Anderen strengen Regeln unterwirft, der sich – nachdem er unterworfen wurde – in den gelben Drachen verwandelt, welcher sich lebensspendend, voll vitaler Energie, zu allem hingezogen fühlt und von allem angezogen wird.

Die Lebensbereiche oder Funktionskreise sind hierarchisch pyramidenartig aufeinander aufgebaut. Die jeweils untere stellt also die Basis für die darüber liegende dar. Ist ein weiter unten liegender Bereich schwach ausgeprägt, dann ist die Leistungsfähigkeit darüber entsprechend geringer. Die Pyramide lässt sich nicht auf den Kopf stellen.

Einzigartigkeit

Der zweite Lebensbereich ist das Erleben von
Einzigartigkeit. Ihm ist der Funktionskreis Leber
zugeordnet. Hildegard von Bingen schreibt, dass
es bei unzureichender Vitalität der Lebertätigkeit,
zu einer übermäßigen Ansammlung von
„Schwarzgalle" oder Kälte (vergl. Kapha in der
indischen Medizin) kommt. Die Bildung von
Geschwüren im Körper wäre die Folge davon.

*Ich spüre Dich in jeder Faser in mir, jede
Sekunde, keine Ahnung, wo ich aufhöre & Du
anfängst, oder umgekehrt. Ich hätte nie gedacht,
dass es das wirklich gibt. Und bewege mich ganz
sacht, damit das Wunder in mir bleibt. Ich
schicke Dir elf Badewannenküsse & kriech dann
unter Deine Decke. Ich hab noch nie Jemanden
so geliebt wie Dich.*

*Schon als Kind habe ich davon geträumt, einfach
abheben und losfliegen zu können. Momente mit
Dir ist wie Papierflieger steigen zu lassen,
traumhafte Zeit des Abhebens und Schwebens,*

der Leichtigkeit. Momente in denen ich die Augen schließen und träumen mag, es würde ewig so dauern. Für dieses Gefühl und diese Momente liebe ich Dich!

Liebes Papierschwälbchen, das klingt ja schön und mir fällt gar nicht alles ein, warum ich Dich liebe. Auf alle Fälle, weil ich mir manchmal vorkomme, wie endlich angekommen, zuhause. Oder wie eine, die auf dem Baum sitzt, eine Papierschwalbe fliegen lässt und hui: tatsächlich kommt sie zurückgesegelt.

Oh, das wärmt!

Deine Worte fallen wie Regentropfen auf mein Herz ...

Ich wünsch Dir eine wunderschöne Nacht! Mit Dir zusammen zu sein, ist ein riesiges Geschenk! Ich küsse Dich vom kleinen Zeh aufwärts bis zur Nasenspitze. Halleluja Du überirdisches Engelchen. Schlaf schön!

Hallelujah, lieber Prinz! - mir geht's genauso.
Du verzaubertes Blümchen. Gute Nacht. Ich
rutsch auf Deinen Bauch und küß Dich sachte.
Ich liebe Dich. ...

... mit dir geht es mir phänomenal
überschwänglich und ich schwebe und liebe
dich, letzten Sonntag hätte ich dich
wahrscheinlich glatt im Dom geheiratet.

danach geht's mir jedes mal unsagbar
beschissen.

dann krieg ich Migräne und hab das Gefühl, mir
schnürt's die kehle zu.

der Druck, der danach kommt, reißt mich jedes
mal in ein noch tieferes Loch und ich hab das
Gefühl, ich ersticke.

das geht mir an die Substanz.

ich kann nicht mehr.

das ist mir jetzt so richtig klar geworden und ich habe mich deshalb nicht gemeldet, weil ich nach innen hören wollte, was mein Gefühl mir tatsächlich sagt.

ich weiß, dass wir uns lieben, aber wir können nicht zusammensein.

ich weiß manchmal auch nicht mehr, was mein Herz sagt, wenn's mir so beschissen geht.

ich weiß nur, dass mein Körper rebelliert.

vielleicht sind wir uns einfach zu ähnlich.

ich hab keine Ahnung ...

(aus radar love)

Woran liegt es, dass solche wunderbaren
Momente und Begegnungen, wie am Beginn des
Zitats beschrieben, häufig nur noch flüchtige
Erscheinungen sind? Wir lernen Menschen
kennen, zu denen wir uns hingezogen fühlen,
von denen wir träumen, und trotzdem finden wir
nicht zueinander, grüßen einander nicht einmal
mehr auf der Straße. Was ist der Grund dafür,
dass Beziehungen, die so vielversprechend
beginnen, oft so traurig enden und wir einander
nicht mehr in die Augen schauen können?
Warum werden Liebe und tiefe Gefühle von
Anderen oder von uns selbst schon als
bedrohlich empfunden? Für einen kurzen
Augenblick berühren wir die Sterne, spüren den
Himmel in seiner Wärme und Schönheit und
finden uns Nächte später mit Tränen in
Einsamkeit, die uns zu ersticken droht, und mit
Fragen, auf die wir keine Antwort finden …

Unsere Individualität ist uns heute sehr wichtig
geworden. Wir legen sehr viel Wert auf unsere
individuelle Freiheit und Entwicklung. Es gibt
Individualreisen und Exklusivangebote für jeden

Geldbeutel. Warenanbieter, bei denen wir einmal eine Kleinigkeit gekauft haben, gratulieren uns noch Jahre später zum Geburtstag.

Onlineanbieter und Suchmaschinen sammeln – natürlich mit unserer Zustimmung – unsere persönlichen Daten, um uns noch bessere und individuellere Angebote unterbreiten zu können. So bekommen wir zum Beispiel teurere Produkte, Hotelzimmer oder Reisen angeboten, wenn wir mit einem etwas preisintensiveren Computer oder Handy im Internet nach Angeboten suchen. Individualität wird großgeschrieben und wir wollen es auch so! Schon in den Kindereinrichtungen für die Kleinsten hängen Listen, mit den Sonderwünschen der Eltern für ihre Kinder. Die Entwicklung der kindlichen Individualität steht heute schon höher als das Erleben von Gemeinschaft. Können die damit zum Teil völlig überforderten Erzieher oder Tagesmütter dies nicht leisten, wechselt man kurzerhand die Einrichtung, gründet einen Elternrat oder schließlich eine eigene Einrichtung. Waldorf, Montessori und Alternativeinrichtungen haben

Konjunktur. Jedes Kind kann sich nach den individuellen Wünschen seiner Eltern entfalten, um die von den Eltern gewünschte Richtung seiner eigenen Individualitätsentwicklung auszuleben.

Individualität ist scheinbar der Schlüssel zur Unabhängigkeit. Unabhängigkeit und persönliche Entfaltung sind das erklärte und erstrebte Ziel. Singles, alleinerziehende Mütter und Väter, prägen das Bild der modernen Gesellschaft. Deutschland steht dabei derzeit an der Spitze dieser Entwicklung.

Größere Unabhängigkeit schafft auch mehr Verantwortlichkeit für die eigene individuelle Entwicklung. Sind wir mit dem Kampf um die Unabhängigkeit unserer Individualität überfordert, macht sich meist Hilflosigkeit breit und so wird dieser Kampf zum Existenzkampf, zum Kampf ums eigene Überleben. Zwangsläufig führt das jedoch auch zu einer immer deutlicher wahrnehmbaren Rücksichtslosigkeit, da individuelle

Lösungsansätze nicht immer mit gesellschaftlichen Konventionen einhergehen. Die Berücksichtigung der Bedürfnisse Anderer stellt für die auf die Entwicklung individueller Bedürfnisse ausgerichteten Individuen einen zusätzlichen Aufwand dar, der in der Regel jedoch als Belastung oder Zwang empfunden wird, den viele nicht zu leisten in der Lage oder bereit sind.

Trennungen, vor allem auch Trennungen mit gemeinsamen Kindern, stehen auf der Tagesordnung. Mir vor Augen ein Fall von Freunden, der mich damals sehr betroffen gemacht hat: Nach mehr als 20 Jahren Ehe, vier Kindern, beide Eltern promoviert, wollte sie die Trennung. Der Mann saß tränenüberströmt in meiner Praxis. Die Fragen, ob etwas vorgefallen sei oder ob sie einen anderen Mann kennengelernt habe, verneinte er.

Erst letzte Woche erzählten mir beim Mittag zwei Kollegen, dass sie sich gerade in einer ähnlichen Situation befänden und nicht wüssten, was zu tun sei. Es ist ein grausames Bild, zu erleben, wie sonst lebenslustige Männer mit Hilflosigkeit und Tränen kämpfen und zu retten versuchen, was nicht zu retten ist. Denn wo der Dialog, das gemeinsame Gespräch und die gemeinsame Suche nach einer Lösung fehlen, gibt es keine Lösung. Frauen treffen für sich eine Entscheidung und der Mann und die Kinder sind die Leidtragenden – ein leider inzwischen alltägliches Bild.

Woran liegt es nun, dass Frauen scheinbar keine Beziehungen mehr wollen? Die Frage ist weniger kompliziert zu beantworten, als es scheint. Zum einen weil es nicht den Tatsachen entspricht, dass sie keine Beziehung mehr wollen: Auch sie liegen, wenn die Kinder größer sind, nachts allein in ihren Betten und sind voller Sehnsucht nach Umarmung und Wärme.

Ihre Vorstellung von einer Partnerschaft hat sich jedoch grundlegend gewandelt. Längst braucht sie den Mann nicht mehr als Alleinverdiener. Die moderne ist Frau, autark, karrierebewusst und unabhängig. Längst hat sie den Mann als das starke Geschlecht abgelöst. Keine Werbung, kein Film, kein Amt in Politik und Wirtschaft, in denen nicht Frauen in deutlicher Präsenz den Ton angeben. Die Frau, die alles kann, die allein „ihren Mann stehen kann", ist erst seit wenigen Jahrzehnten ein gesellschaftliches Phänomen. Vor noch rund 30 Jahren galt die Familie als kleinste Zelle der Gesellschaft. Der individuellen Entfaltung der Frau scheinen heute keine Grenzen mehr gesetzt zu sein. Sie gilt als die Attraktivere, die Leistungsfähigere. So suggeriert es ihr – anders als in der Natur, wo jeweils die männlichen Tiere sich aufgrund ihrer körperlicher Vorzüge als die Attraktiveren auszeichnen – jedenfalls die moderne westliche Konsumgesellschaft. Und sie, die Frau, will es wissen und kostet es aus. Ob sie dem auch wirklich gerecht werden kann, ob sie dem gewachsen ist, ist leider etwas, was jede Einzelne, die diesen Schritt geht, erst für sich allein herausfinden muss. Ein deutliches Indiz, dass sie mit den sich selbst auferlegten Aufgaben nicht zurechtkommt, sind gerade diese vielen

Trennungen. Die im Zusammenleben mit einem Partner zwangsläufig entstehenden Probleme können nicht mehr gelöst werden und so entscheidet sie sich, meist völlig überfordert für den Weg des scheinbar geringeren Widerstandes. Unwillkürlich kommen mir hier Nietzsches Worte in den Kopf: *Ihrem Elende wollten sie entlaufen, und die Sterne waren ihnen zu weit.* Die Männer und die Kinder, das klassische Familienbild, bleiben bei so viel Wunsch nach Individualität leider meist auf der Strecke und sind die Leidtragenden dieses konsumgesellschaftlich forcierten Egotrips. Wie hieß es doch in einer Ankündigung zu einer neuen weiblichen Singlesoap: Ich mache keine Fehler, ich date sie! Wie zynisch mag das für manchen Mann anmuten, der zwischen Mut zu einem Neuanfang und noch längst nicht verkrafteter Trennung hin und hergerissen nach einer neuen Partnerin sucht.

Aber auch viele Männer lehnen heute schon die Verantwortung für eine Familie oder Kinder ab. Die Just-for-fun-Gesellschaft bietet genügend

Angebote auch für männliche Singles, frei und sorglos die eigene Unabhängigkeit zu genießen. Solange genügend Geld vorhanden ist und die Gesundheit mitspielt, funktioniert das auch prächtig. Wer jedoch längere Zeit allein ist, verliert allmählich auch seine Konfliktfähigkeit. So scheitern denn auch Neuanfänge, selbst bei besten Absichten, schon meinst nach wenigen Monaten.

Sind Individualität, Unabhängigkeit oder persönliche Bedürfnisbefriedigung der Schlüssel für ein erfülltes und glückliches Leben? Schenkt man den Medien oder der Werbung Glauben, dann ist die Antwort „Ja!" Wie sieht es jedoch in der Realität aus? Im Wunsch nach Individualität steckt der Wunsch nach der Befriedigung meiner ganz persönlichen Bedürfnisse. Das Ich, unser Ego steht im Vordergrund. In unserer konsumorientierten Gesellschaft ist ein gedanklicher Kurzschluss entstanden, der uns glauben lässt, dass wenn all unsere Bedürfnisse befriedigt sind, wir auch glücklich und zufrieden sind. Im Grunde ist der Gedanke auch nicht falsch: Habe ich alles, was ich brauche, dann bin ich zufrieden. Was aber brauche ich? Was brauche ich noch? Die Frage müsste viel eher lauten: Warum bin ich nicht zufrieden mit dem, was ich bin oder habe? Der Wunsch nach Individualität ist ein Hunger, der nicht gestillt werden kann, egal, wie viele persönliche Angebote für uns – und nur für uns, ganz persönlich – täglich in unserem Briefkasten landen. Egal, wie viele freundliche Stimmen uns am Telefon auf uns persönlich zugeschnittene Tarife oder Angebote unterbreiten, es bleibt ein deutliches Gefühl, dass es hierbei nicht um uns, sondern um unseren Wert als Konsument geht. Werbung und Medien suggerieren uns ununterbrochen, dass es uns noch besser gehen könnte, dass wir etwas noch günstiger haben könnten. In unserem Inneren entsteht dabei zwangsläufig das Gefühl, dass wir es nicht gut haben oder dass wir schlechter weggekommen sind als Andere.

Wir sind soziale Wesen, interagieren bewusst oder unbewusst ununterbrochen mit Anderen.

Niemand von uns kann ohne den Anderen leben. Der Wunsch nach Individualität ist an die Stelle des Wunsches nach Einzigartigkeit getreten. Einzigartigkeit ist jedoch das Gegenteil von Unabhängigkeit, da wir Einzigartigkeit nur durch einen anderen Menschen erfahren können. Nur eine Berührung, ein Streicheln, eine Umarmung oder ein gesprochenes Wort, ein Kuß oder ein Liebesbrief kann uns das Gefühl von Einzigartigkeit vermitteln. Einzigartigkeit jedoch löst Individualität auf! Indem wir einzigartig sind, löst sich das Ich auf, wird zum Du, oder zum Wir. Das Erleben von Einzigartigkeit entsteht durch den Anderen, durch ihn werden wir einzigartig! Diese Verschmelzung ist eines unserer elementaren Grundbedürfnisse, ein elementarer Schlüssel zum Glück! Im Erleben unserer Einzigartigkeit geben wir unsere Unabhängigkeit und unsere Individualität auf, werden Teil der unendlichen Sterne am Firmament.

Wen wundert es da also, wenn immer mehr Menschen Angst vor der Liebe, Angst vor

wirklichen Begegnungen haben, stellen sie doch
die mühsam erlernten Überlebensmechanismen
unserer Individualität in Frage! Beziehungen und
schon der Wunsch nach mehr Nähe werden von
vielen schon als Bedrohung empfunden. Nähe
trägt Konfliktpotenzial in sich. Lassen wir Nähe
zu, lassen wir auch Reibung und
Infragestellungen zu. Viele sind nicht mehr bereit
oder in der Lage, weitere Belastungen
zuzulassen. Ihre Leistungsfähigkeit ist mit dem
Versuch, das Leben als Individuum erträglich zu
gestalten, oft schon restlos erschöpft. Kein
Wunder, dass es für mehr als ein paar Dates oder
ein paar halbherzige Versuche nicht reicht.
Halbherzige oder oberflächliche Begegnungen
machen auf Dauer jedoch frustriert und so ziehen
wir uns in unsere kleine Welt voller erworbener
quadratisch-praktischer Zufriedenheiten zurück
und versuchen eben, weniger anspruchsvoll zu
sein. Enttäuscht und desillusioniert geben wir
uns nach außen unbeschwert und glücklich. Wir
versuchen unsere Traurigkeit und Müdigkeit und
den fehlenden Glanz unserer Augen zu
verbergen. Die Leber öffnet sich in die Augen

sagt die chinesische Medizin, und der Schmerz der Leber ist die Müdigkeit, heißt es weiter. Kopfschmerz ist ein weiteres Symptom. Alleinsein macht krank!

In der Unpersönlichkeit des Onlinehandels entstehen keine Begegnungen, die unsere Individualität in Frage stellen – kein Verkäufer, der uns Fragen stellt. Wenn etwas nicht gefällt, schicken wir es zurück. Die meisten Dinge lassen sich heute schon online erledigen, Begegnungen mit Menschen werden dadurch weiter minimiert. Selbst in Supermärkten bitten inzwischen freundliche Computerstimmen darum, doch bitte die andere Kasse zu benutzen, da Kasse soundso gleich geschlossen wird – keine griesgrämige Kassiererin, die unfreundlich schimpft, wir sollen uns an der anderen Kasse anstellen, da sie jetzt Feierabend hat oder eine Pause braucht. Wir sollen nicht damit konfrontiert werden, dass diese Frau erschöpft ist, dass sie müde und unfreundlich ist.

Bestsellerautoren verkaufen Millionenauflagen von Büchern, die uns zeigen, wie schön es ist, wenn man reich unabhängig und frei von jeder Verantwortung tun und lassen kann, was einem beliebt. Kinderbuchautorinnen überschwemmen den Markt mit Millionenauflagen von Büchern, in denen Kinder vor übermenschliche Herausforderungen gestellt werden, die sie meist allein auf sich gestellt zu meistern haben. Schon ihnen wird vermittelt, dass man die schwere Bürde des Alleinseins und harter Entbehrungen auf sich nehmen muss, wenn man im Leben etwas erreichen und Anerkennung haben möchte. Auch fehlt ihnen allesamt die verspielte kindliche Leichtigkeit und Fröhlichkeit, die wir noch bei Pippi Langstrumpf erleben durften. Noch dazu fehlt ihrer Sprache die ungeheure Bandbreite und Vielfalt kindlichen Empfindens und kindlicher Zuversicht. Es ist die verdorrte, zumeist zynische Sprache Erwachsener, wie wir sie aus Filmen, Feuilletons und Illustrierten kennen, die Sprache eines freud- und glücklosen Alltags, der für die Meisten heute mehr Überleben als Leben bedeutet, Anpassung bis zur

Selbstverleugnung unserer Bedürfnisse und Gefühle.

Das Erleben unserer Einzigartigkeit ist jedoch eines der elementaren körperlichen Grundbedürfnisse unseres Lebens! Begegnungen, Auseinandersetzungen und auch Streit gehören zu den Zutaten, welches unsere Fähigkeiten im Umgang mit unseren Wünschen und Träumen wachsen lassen. Kinder, die einen Raum betreten, in dem sich noch ein anderes, sogar fremdes Kind befindet, werden immer auf dieses zugehen und mit ihm Kontakt suchen und spielen. Kinder leiden darunter, wenn sie nicht mit Anderen spielen dürfen. Erwachsene hingegen wählen den größtmöglichen Abstand zueinander. Es gilt als unhöflich und sogar aufdringlich, sich anders zu verhalten. Wir sollen unseren Wunsch nach Nähe, unsere Gefühle und Träume für uns behalten, den Anderen damit nicht behelligen, Sympathien nur „durch die Blume" andeuten. Unsere Gefühle, Wünsche und Träume sind jedoch unser „Aushängeschild", unser „Markenzeichen", machen uns einzigartig.

Wenn wir sie verbergen oder verleugnen, verleugnen wir uns selbst und verschenken die Möglichkeit wirklicher Begegnung.

Zu träumen gilt als realitätsfern. In der Sprache der Erwachsenen heißt es: „Träume sind Schäume". Aber wie unrealistisch sie auch immer sein mögen, sind Träume die Sprache unserer lebendigen Seele, Ausdruck einer lebendigen und kreativen Psyche. Träume sind die Botschaften unseres Unterbewusstseins, unseres Körpers. In ihnen teilt er uns unsere Bedürfnisse mit. Ihnen nicht zu Folgen, nicht nach ihrer Realisierung zu suchen, macht uns krank. Im Austausch, in der Reibung mit Anderen wächst die Kraft unserer Ideen, finden einzigartige Wege zu ihrer Verwirklichung. Dies erst macht aus uns einzigartige Persönlichkeiten mit einer gesunden und lebendigen Phantasie. Die schillerndsten und erfolgreichsten Menschen sind mit großer Wahrscheinlichkeit auch Menschen mit großen Träumen und der Fähigkeit, diese auch lebendig zu vertreten.

Zurückgezogenheit macht uns ärmer. Allein zurechtzukommen, individuell zu leben, stellt uns vor Aufgaben, denen wir auf Dauer nicht gewachsen sind. Einsamkeit schafft Monster heißt es. Die Bedingungen, unter denen wir versuchen, auf solche Art zu leben, werden uns nicht glücklicher oder zufriedener machen. Meine Großmutter, ein Berliner Urgestein, sagte: „Eener alleene is nich scheene. Aber Eener und Eene und denn aleene, det is scheene".

Single sein bedeutet, sich nicht den Herausforderungen und der Verantwortung einer Partnerschaft zu stellen. Single ist nur ein Modewort, es bedeutet zuallererst, allein zu sein! Gelegentlichen Dates und Promiskuität fehlt das Erlebnis der Einzigartigkeit. Wenn man einander nur benutzt, fehlt das nur langsam wachsende Gefühl der Vertrautheit, der Einzigartigkeit, das an Stärke gewinnt, wenn wir auch die Tränen und Sorgen miteinander teilen. Wo Wärme fehlt, wird es kalt, aber Wärme brauchen wir! Auch und gerade im Alltag: Küss mich alltagstauglich! Nicht nur bei gelegentlichen Dates, zu denen wir ohnehin im Laufe der Zeit immer weniger Lust haben. So macht sich denn auch Müdigkeit ins uns breit, eine Müdigkeit, von der Nietzsche schreibt: *Müdigkeit, die mit einem Sprung zum Letzten will, ... , eine arme unwissende Müdigkeit, die nicht einmal mehr wollen will.*

Wenn unsere Träume sterben, hören wir auf zu leben! Wir leben um eines Traumes willen und der Traum von der großen Liebe gehört dazu, ist uns in den Körper geschrieben. Unsere emotionale Entwicklung ist spätestens mit etwa einundzwanzig Jahren abgeschlossen. Zu diesem Zeitpunkt sind wir emotional voll entwickelt. Wir sind fähig, mit all unserer Kraft, Intensität und Vorstellungskraft zu lieben oder zu leiden, wir kennen Schmerz und die stärksten Sehnsüchte und Gefühle, sind uns nicht fremd. Alles, was später hinzu kommt, ist Vernunft. Aber es ist die Vernunft unseres Verstandes, die Gefühle zu unterdrücken sucht, und uns zu Krüppeln unserer Ängste macht, nicht die Vernunft des Herzens, des Körpers. *Es ist mehr*

Vernunft in deinem Leibe, als in Deiner besten Weisheit sagt Nietzsche.

Unser Körper ist mit tausenden von Sinnesrezeptoren je Quadratzentimeter auf unserer Haut ausgestattet, die uns jede noch so sanfte Berührung, jedes noch so sanfte Streicheln zu einem Erlebnis werden lassen können, dass uns verzaubert und uns für Augenblicke entführt, in denen wir alles andere um uns herum vergessend erleben können, was Einzigartigkeit, was Glück ist. Auch unsere Geschlechtsorgane sind in einzigartiger Weise, anders als bei Tieren, mit ihrer hohen Empfindsamkeit direkt an unser Dopaminsystem gekoppelt und ermöglichen uns das Empfinden höchsten Glücks. Dieser Kopplung verdanken wir auch die Möglichkeit, bei entsprechendem Training Momente höchster Ekstase und höchsten Glücksempfindens als eine Form der Bewusstseinserweiterung empfinden und erleben zu können, wie es im Tantra oder in daoistischen Techniken praktiziert wird.

Wenn wir aufhören, an Bestsellerautoren und Billigromane zu glauben, werden wir auch begreifen, dass mit großer Liebe nicht gemeint sein kann, dass es sie nur ein einziges Mal gibt, denn dann sollten wir sie die „einzige Liebe" nennen. Wer jedoch nur ein einziges Mal lieben kann, der ist ein armer Tropf! Große Liebe bedeutet, dass sie groß genug ist im Sinne von großartig, um uns das einmalige Gefühl von Unverwechselbarkeit, von Einzigartigkeit zu verleihen.

Es wuchs eine großartige Liebe in uns, fand keinen Halt, wuchs in den Mond, übersäte die Welt mit einem Meer von Sternen ...

Wir haben uns dabei verzaubert, verletzt, weh getan, haben Tränen vergossen, Tränen des Glücks und des Schmerzes, haben getrauert, gehofft, einander verziehen. Sind auseinander gerannt und konnten doch voneinander nicht lassen. Und wir haben gehasst, verachtet, sind uns aus dem Weg gegangen, haben versucht, einander zu ignorieren und zu vergessen - ich

habe immer darauf gewartet, dass Du Dir einen
Ruck gibst und sagst: lebe mit mir, werde mein
Mann.

Und genau das alles ist es doch, was eine große
Liebe ausmacht! Sehnsucht und Zerstörung, die
beiden Seiten des Mondes – und wir sind doch
Mondkinder?!

Am Ende ist es wichtig, was aus der Liebe wird,
was nach all den Tränen und Träumen bleibt, ob
sie uns mutiger oder verzagter macht. Und
genau das ist es, was eine Liebe will: dass wir
immer wieder den Mut haben, ja zu ihr zu sagen.
Wenn Du mich heute wieder fragen würdest,
bekämst Du die gleiche Antwort: Ja, ich möchte
immer noch mit Dir leben, ich will, dass Du
meine Frau bist!

(aus *radar love*)

Wenn wir diesen Schatz aus den tiefsten Tiefen
unserer Sehnsucht heben und lebendig bleiben

lassen, haben wir die zweite Tür zu einem Leben voll lebendiger Wärme, Phantasie und Kreativität geöffnet. In der Lehre des Neidan ist es der Dämon der Unbeständigkeit, der besiegt wird und sich in den grünen Drachen verwandelt, der in seiner grenzenlosen Agilität dennoch tief verwurzelt die Kraft ständiger Erneuerung in sich trägt.

Gemeinschaft

Bei meiner Arbeit in chinesischen Krankenhäusern fällt beispielsweise auf, dass ein Kind, das ins Krankenhaus muss, von einem großen Teil der Familie begleitet wird. Meist sind die Eltern dabei, die Großeltern und Geschwister. Während einer Behandlung – chinesische Ärzte reden viel, auch über alltägliche Dinge, mit den Patienten; der persönliche Kontakt wird groß geschrieben – hält jemand die Hand des Kindes, ein anderer streicht im übers Haar und von allen Seiten gibt es Aufmunterung und Trost. Weint es, sind meist auch in den Augen der Umstehenden Tränen zu sehen. Entsteht Verzweiflung bei den Eltern, dann trösten Großeltern und Geschwister.

Je größer die Gemeinschaft, desto leichter kann die Last der Emotionen aufgefangen werden; niemand steht allein mit seinen Zweifeln, Gedanken und Gefühlen. Gleichzeitig erleben wir auch mehr Ambivalenzen, Zurückhaltung oder gar Ablehnung, all die vielfältigen Mechanismen und Lösungsansätze einer Konfliktbewältigung. Wenn ein chinesischer Papa seinem Kind gegenüber gelegentlich mit einer gewissen Härte reagiert und ihm vermittelt, es möge sich doch zusammennehmen, das sei doch alles nicht so schlimm, dann weisen ihn die Umstehenden zurecht oder schimpfen wegen seiner Härte. Das Kind erlebt in der Reaktion des Vaters eine ebenfalls mögliche Bewältigungsstrategie und gleichzeitig – anhand der Reaktionen der Umstehenden – deren Stellenwert, deren Akzeptanz in der Gemeinschaft. Es hat so die Möglichkeit, zwischen verschiedenen Lösungsansätzen für sich den richtigen herauszufinden, auszuprobieren, welcher Weg ihm leichter fällt.

Je kleiner eine Gemeinschaft ist, desto weniger Lösungsansätze werden vorgelebt. Eine alleinerziehende Mutter beispielsweise kann ihren Kindern kaum unterschiedliche oder ambivalente Lösungsansätze vorleben. Die Kinder erleben nur den einen Lösungsansatz der Mutter. Das Kind kann hier nur zwischen Annahme oder Verweigerung entscheiden. Dem Kind werden andere, auch konträre Verhaltensmuster nicht vermittelt und muss später dann, auf seinen eigenen Füßen stehend, lernen, dass es durchaus auch andere Strategien der Bewältigung von Problemen gibt. Dies führt jedoch häufig zu Hilflosigkeit oder Fehlanpassung und in jedem Fall stellen später gemachte notwendige Erfahrungen immer den schmerzhafteren Weg dar. Es ist durchaus keine Seltenheit, dass Kinder von alleinerziehenden Müttern später psychische Probleme bekommen und aufgrund schwerer Depressionen oder Drogenprobleme psychiatrische Hilfe benötigen.

In kleinen Gemeinschaften oder Familien besteht außerdem oft das Problem der Dominanz einer einzelnen Person, so dass Entscheidungen in der Regel nicht mehr gemeinschaftlich getroffen werden. Bei größeren Entscheidungen setzt sich dann meist die Haltung des dominierenden Partners durch und kann, beispielsweise bei der Urlaubsplanung oder dem Bau eines Hauses, zu Entscheidungen führen, die die Gemeinschaft oder Familie gemeinsam nicht mittragen kann, was dann häufig zu schweren Konflikten oder gar Trennungen führt. Werden hingegen befreundete Familien etc. in die Urlaubsplanung mit einbezogen, da man gemeinsam Urlaub machen möchte, verringert sich das Konfliktpotenzial deutlich. Würden Eltern, Freunde oder Großeltern bei einem Hausbau miteinbezogen, dann gäbe es deutlich weniger – schon fast sprichwörtliche – Trennungen. Der freundliche Berater der Bank oder der Architekt gehören in der Regel nicht zu den Personen, die hier helfen können – sie haben andere Interessen!

Von der Größe einer Gemeinschaft hängt also die Vielfalt erlernbarer Konfliktbewältigungsmuster ab. Je umfangreicher unsere Erfahrungen in der Gemeinschaft sind, desto besser gedeiht unsere Fähigkeit zur Konfliktbewältigung oder – etwas moderner ausgedrückt – desto mehr wächst unsere Teamfähigkeit. Aber nicht nur die Größe einer Gemeinschaft ist für eine gute Teamfähigkeit und Sozialkompetenz verantwortlich, sondern auch ihre Vielfalt. In einer WG, einem Internat oder Studentenwohnheim gemachte Erfahrungen decken in der Regel nur einen Bruchteil nötiger Sichtweisen ab. Themen wie Kindererziehung, alt werden, Einsamkeit oder lange Krankheit stehen hier seltener zur Debatte, sind jedoch für unsere Lebenserfahrung unerlässlich. Wollen wir also nicht jeder für sich individuell unsere Erfahrungen machen, ist ein generationenübergreifendes Miteinander nötig. dass Kinder das alltägliche Leben zusammen mit Erwachsenen und Alten erfahren, stellt also eine notwendige Voraussetzung für eine hohe gemeinschaftliche Leistungsfähigkeit dar. Auch hier ist der Weg der eigenen Erfahrung meist der längere und schwerere.

Ein weiterer Nachteil fehlender Kritik, ist der damit verbundene Mangel an gesunder Selbstreflexion. Wir haben heute zumeist ein Bild von uns, das zumeist weit von unserer tatsächlichen sozialen Leistungsfähigkeit abweicht. In Paarberatungen fällt immer wieder auf, dass die Bereitschaft, am Anderen Kritik zu üben oder sich in Selbstkritik zu zermartern, wesentlich stärker ausgeprägt ist, als die Bereitschaft, sich auf die Lösung des Konfliktes zu konzentrieren und die Bemühungen und die guten Seiten beim Anderen oder bei sich selbst wahrzunehmen. Eine Frage, die ich an dieser Stelle oft stelle, ist die, was einen guten Autofahrer ausmacht. Die Antworten sind hier immer sehr verschieden, das Wesentliche ist jedoch, dass er auch in schwierigen Situationen wie im Stau oder wenn ein Fußgänger oder Radfahrer sich äußerst leichtsinnig in Gefahr begeben hat, noch die Nerven behält. Viele verlieren aber die Fassung und beharren auf ihren Rechten. Auf seinen Rechten zu beharren bedeutet in diesem Fall, Leben zu gefährden. In einer Beziehung führt eine derartige Engstirnigkeit meist zur Trennung. Aber sind wir deshalb zufriedener, nur weil unser Standpunkt scheinbar der bessere ist? Spätestens einige Wochen nach einer Trennung sind wir meist klüger!

Eine Beziehung stellt grundsätzlich eine Bereicherung unseres Lebens dar! Viel zu oft vergessen wir dies. Eine gute Beziehung – sei es zu unseren Kindern, Arbeitskollegen, Eltern oder unserem Partner – versetzt uns in die Lage, im Anderen immer wieder zu erkennen, was für eine Bereicherung er für unser Leben darstellt. Einander zu begegnen ist ein Geschenk. Gehen wir also nicht achtlos damit um!

Die Möglichkeiten unserer individuellen Selbstverwirklichung sind heute vielfältiger denn je. Jeder hat heute die Freiheit, sein ganz eigenes individuelles Lebenskonzept zu entwickeln und zu verwirklichen. Ob diese Lebenskonzepte auch wirklich funktionieren, zeigt sich oft erst zu einem sehr viel späteren Zeitpunkt. Zu einem guten Lebenskonzept gehört jedoch auch, dass dieses es uns ermöglicht, damit in Gesundheit und Würde alt zu werden. In China sagt man, die ersten fünfzig Lebensjahre suchen wir unser Schicksal, dann findet es uns. Wen wundert es also, wenn junge Menschen immer häufiger die Lebenskonzepte und Wertmaßstäbe ihrer Eltern ablehnen, da sie diese als nicht funktionstüchtig erleben, wenn deren Leben von Krankheit, Unzufriedenheit, Zynismus und Trennungen gekennzeichnet ist? Unser Lebensweg sollte also nicht nur für uns selbst und nicht nur im Hier und Jetzt funktionieren, sondern auch in der Zukunft, im Alter. Außerdem haben wir die Verpflichtung, für nachfolgende Generationen oder unsere Kinder lebbare und funktionstüchtige Lebenskonzepte anzubieten, die von ihnen übernommen oder neu gestaltet werden können. Wenn wir ihnen nur die Trümmer eines gescheiterten Lebens hinterlassen, sind die Folgen unseres ausgelebten Egos die Stolpersteine auf ihrem Lebensweg.

In unseren reizüberlasteten Beziehungen, Bekanntschaften und Freundschaften sind wir immer bescheidener geworden. Wir üben uns in Zurückhaltung und allenfalls positiven Feedbacks, sogenannten „Likes". Wir nehmen immer mehr Rücksicht auf Freunde und Bekannte, so dass von einstigen Freundschaften kaum mehr etwas übrig bleibt. Jeder von uns ist inzwischen so mit sich selbst beschäftigt, dass wir kaum wagen, ihn noch zu stören. Wir haben heute meist einen so vollen Terminkalender, dass für Neues oder die Muße durchschwatzter oder durchstrittener Abende oder Nächte mit Freunden oder Familie kein Platz mehr bleibt. Unsere soziale Belastbarkeit sinkt dabei immer weiter. So halten wir uns mit Kritik oder Temperament immer weiter zurück, um die seltener werdenden Begegnungen nicht auch noch zu gefährden.

Streits und Wiederversöhnung mögen anstrengend sein, sind aber für unsere soziale Leistungsfähigkeit von entscheidender

Bedeutung. Viele, oft jahrelange Freundschaften und Beziehungen gehen zu Ende, weil wir müde geworden sind. Müde gehen wir einander aus dem Weg, meiden Kontakte, vergessen Geburtstage und tun einander weh indem wir uns nicht mehr melden. In unserer angebotsüberfluteten Welt von neuen Reizen hoffen wir auf bessere, auf weniger anstrengende Begegnungen und stellen dabei oft fest, dass wir „vom Regen in die Traufe" geraten sind. Dabei sind gerade die alten, die gewachsenen Freundschaften – die, mit denen uns gemeinsames schönes Erleben verbindet die belastbareren. Gerade neue Begegnungen tragen viel Streitpotenzial in sich, da es schneller zu Missverständnissen kommt. So rennen wir wieder auseinander, noch bevor wir vertraut miteinander werden, eine Sprache miteinander finden konnten.

Das Erleben von Gemeinschaft, das Erleben, dazuzugehören, ist dem Funktionsbereich Herz zugeordnet. Im Neidan, dem Weg der mystischen

Verwandlungen oder des dunklen Kriegers Xuan Wu, war es der letzte Dämon, den der einstige Kaiser Zhen Wu besiegen musste, um die Unsterblichkeit zu erlangen. Es war der Dämon seines Egos, der sich, als er besiegt war, als roter, als stärkster Drache verwandelt in die Lüfte erhob. Der sich selbst in allen Anderen erkennend, zum bewussten Teil des Ganzen geworden war.

In der chinesischen Medizin sagt man, dass „das Herz den Geist beherbergt, es öffnet sich in die Zunge". Die Klarheit der Sprache und des Geistes sowie Konzentrations- und Merkfähigkeit werden ihm zugesprochen. Wenn im Alter das Gefühl empfunden wird, nicht mehr dazu zu gehören, erleben wir häufig einen Verlust gerade dieser Fähigkeiten. Wohingegen Menschen, die bis ins hohe Alter noch das Gefühl haben, gebraucht zu werden und in eine lebendige Gemeinschaft eingebunden sind, oft geistig sehr leistungsfähig und von der Geißel der Einsamkeit und den damit verbundenen Erkrankungen verschont bleiben.

Anerkennung

Ein weiteres unserer elementarsten Bedürfnisse ist das Bedürfnis nach Anerkennung. Bereits kleine Kinder fordern für ihre Handlungen Lob und Anerkennung ein. Mit Sätzen wie „Schau mal, wie hoch ich schon klettern kann! Schau mal, was ich gemalt habe! Schau mal, wie groß ich schon bin!", fordern sie unsere Aufmerksamkeit und Anerkennung ein. Kinder sind stolz auf das Erreichte und wollen, dass wir uns mit ihnen freuen. Aufmerksamkeitsdefizite machen krank, wie auch die Unfähigkeit sich über etwas Erreichtes freuen zu können, ein Krankheitssymptom darstellt. Aufmerksamkeitsdefizite sind Defizite der Anerkennung. Die Fähigkeit, sich über Erreichtes freuen zu können, hängt unmittelbar davon ab, wie unsere Leistungen von Anderen reflektiert werden. Eigene Leistungen und Stolz über Erbrachtes müssen kommuniziert werden, sind von der Kommunikation darüber abhängig.

Dem Bedürfnis nach Anerkennung ist in der chinesischen Medizin der Funktionskreis Lunge zugeordnet. Ihm untersteht in allererster Linie unsere Fähigkeit, mit der Außenwelt zu kommunizieren. Die Lunge regiert die Hautoberfläche und öffnet sich in die Nase, heißt es weiter. Auch unsere Haut kommuniziert/interagiert mit unserer Umwelt. Chronische Hauterkrankungen wie beispielsweise Neurodermitis oder Psoriasis sind ein deutliches Zeichen einer gestörten Kommunikation mit unserer Umgebung und daraus folgendem Mangel an Anerkennung oder Selbstachtung. Im Bereich der chronischen Lungenerkrankungen sehen wir hier Asthma oder andere Erkrankungen die unter dem Begriff COPD (chronisch obstruktive Lungenerkrankungen) zusammengefasst sind, als Erkrankungen ähnlicher Ursache an. Häufige Bronchitiden, Infekte oder Lungenentzündungen gehören jedoch nicht in diesen Bereich, sondern sind nach der chinesischen Medizin eher dem ersten Funktionskreis und damit einem Mangel an Grundvitalität zuzuordnen.

Die Lunge trennt Klares von Trübem heißt es weiter in den alten chinesischen Texten. Das Klare leitet sie nach oben und das Trübe nach unten. Das Klare sorgt für unsere Fähigkeit, unsere Wünsche und Bedürfnisse artikulieren zu können. Das Trübe gelangt nach unten und verleiht uns die Fähigkeit, unsere Bedürfnisse zu erkennen und wahrzunehmen. Selbstbewusstsein und Selbstwertgefühl sind also keine abstrakten Begriffe, sondern spiegeln sich in der Fähigkeit wider, unsere Wünsche und Bedürfnisse klar zu artikulieren. Sie sind aber auch davon abhängig, wie unsere Umwelt mit unseren Wünschen und Bedürfnissen umgeht. Ein Mangel an Selbstwertgefühl kann ebenso daraus entstehen, dass wir in einer Umgebung leben, die ausschließlich ihre eigenen Bedürfnisse artikuliert und wenig oder keine Rücksicht auf unsere Wünsche nimmt. Wir finden dies häufig in Familien mit überbehütenden Eltern, in denen vor allem kleine Kinder es schwer haben, zu Wort zu kommen und in elterlicher Liebe und Fürsorge fast zu ersticken drohen. Pseudo-Krupp, Allergien oder auch Neurodermitis sind mögliche und bei weitem nicht seltene Erscheinungsbilder, mit denen der kleine Körper in seinem Wunsch nach Anerkennung und in seiner Hilflosigkeit reagiert.

Je stärker und selbstbewusster Andere in unserer Umgebung agierten und sich selbst zur Schau (Anerkennung!) stellen, desto schwerer haben auch wir Erwachsene es, Beachtung und Anerkennung zu finden – zumal Selbstbewusstsein und Selbstwertgefühl erst durch aktive Kommunikation erlebt werden können. Eine aktive und teilweise auch aggressive Form fremder Selbstdarstellung ist die Werbung, die uns fast allgegenwärtig umgibt. Überall können wir heute glückliche und zufriedene Menschen sehen, denen es durch Nutzung verschiedenster Produkte scheinbar besser geht als uns und die uns so zur Nachahmung gemahnen.

Ein Bekannter, der in der Werbebranche tätig ist, fragte mich einmal, ob ich denn wüsste, wie viele Werbebotschaften wir täglich bewusst oder unbewusst wahrnehmen müssen. Ich schätzte damals die Anzahl auf etwa 200. Er erwiderte daraufhin, es seien mehr als 2000, teilweise sogar 8000 solcher Botschaften vom Erfolg und Glück Anderer! Die Menschen auf den Plakaten, Werbetafeln, Bildschirmen oder Großleinwänden bekommen sehr viel mehr Aufmerksamkeit und Anerkennung als wir. In der Regel führt das jedoch nicht unbedingt dazu, dass wir uns besser fühlen … Auch wir brauchen sehr sehr viel mehr Anerkennung oder Aufmerksamkeit, um uns wohl zu fühlen und gesund zu sein.

Eine damals 77-jährige Patientin erzählte, dass ihr Vater oder Großvater nach dem Ersten Weltkrieg nach Russland ausgewandert sei, da ein deutscher Unternehmer dort eine Glasfabrik für Fensterglas errichtete. Die Arbeiter dort bekamen jeder ein Haus für sich und ihre Familien gebaut sowie ein Stück Land zur Verfügung gestellt, das sie bewirtschaften konnten. Der Lohn reichte, um die Familie zu ernähren und das Feld war ausreichend, dass die Familien genug zu essen hatten. In der so entstandenen kleinen Siedlung kamen ein Frisör, ein Kino, Schneider, Tischler Kolonialwarenläden etc. dazu. Als die Fabrik nach dem 2. Weltkrieg geschlossen wurde, kamen die Familien dann mit ihrem Hab und Gut nach Deutschland zurück.

Die heutigen Löhne sind kaum mehr ausreichend, um eine Familie zu ernähren. Das Lohnniveau sinkt und die Arbeitszeiten werden immer familienfeindlicher. Der arbeitende Mensch wird zum Selbstversorger. Das Arbeitsklima lässt kaum noch Raum für die Anerkennung geleisteter Arbeit und Lohn ist ebenfalls eine Form der Anerkennung geleisteter Arbeit. Konkurrenzdruck und Stress macht aus Kollegen Konkurrenten. Befristete Stellen, Massenentlassungen und Niedriglöhne haben aus arbeitenden Menschen Kämpfer ums Überleben gemacht. Unsere Leistungsfähigkeit ist hoch entwickelt und wird hoch geschätzt. Wenn bei

Bewerbungen gefragt wird, ob wir uns für belastbar halten, ist damit aber meist gemeint, ob wir bereit sind, sprichwörtlich „bis zum Umfallen" zu arbeiten. Wären wir klug, würden wir dies verneinen!

In China – wie sicherlich in vielen anderen Ländern der Erde auch – gibt es sogenannte Wanderarbeiter, die von einer Baustelle zur nächsten „wandern". Ihre Arbeitszeit geht früh los und endet in der Regel erst spät abends. Die Meisten sind zwischen 20 und 40 Jahre alt, haben zum Teil eine abgeschlossene Schulausbildung oder sogar studiert. Sie leben zu Hunderten in riesigen Baracken und schlafen in Doppel- oder Dreifachstockbetten. Kaum ist ein Schrank oder ähnliches vorhanden. Ihr Hab und Gut tragen sie in einem Koffer mit sich herum. In riesigen Großwaschräumen werden Körper und Wäsche gewaschen. Riesige Essenssäle versorgen die Arbeiter vor Ort. Die Unterkunft und das Essen müssen bezahlt werden, der Rest des schmalen Geldes wird zusammen mit Briefen an die Familien zu Hause geschickt. Ist ein

Bauprojekt fertig, hoffen alle, dass auf der nächsten Baustelle wieder genügend Arbeiter gebraucht werden, sonst beginnt die mühsame Suche nach einer anderen Stelle oder Arbeit. So verbringen viele dieser Menschen Jahre ihres kostbaren Lebens. Dieses Beispiel mag extrem erscheinen, zeigt aber doch wie weit weg wir heute von der Vorstellung eines menschenwürdigen Lebens, einer menschenwürdigen Arbeit, entfernt sind. Und es gibt weit extremere Beispiele wie Kinderarbeit oder das Leben von Menschen in Kriegsgebieten.

Auch in der westlichen Welt nimmt der menschenverachtende Umgang mit der Arbeitskraft weiter zu. So gibt heute, vor allem hierzulande, jeder das Letzte um seine Stelle oder seinen Arbeitsplatz zu behalten. Rücksicht auf Gesundheit oder Familie ist zum Luxusgut geworden. Eine gute Ausbildung, lange Berufserfahrung oder ein Studium sind längst keine Garantien mehr, ausreichend Geld für seinen Lebensunterhalt oder die Ernährung einer Familie zu verdienen. Diese Missachtung menschlicher Bedürfnisse, wird aber keineswegs nur von Außen vorangetrieben. Der Wunsch nach Erfolg und Anerkennung steckt in jedem Einzelnen von uns. Die fehlende Anerkennung und die Sehnsucht nach dem Erfolg unserer Bemühungen lassen uns immer mehr vergessen, warum wir eigentlich arbeiten. Der gewünschte Erfolg bleibt häufig aus und wir arbeiten weiter, vorangetrieben von Werbebotschaften oder Filmen, in denen uns suggeriert wird, dass die Hoffnung immer siegt, wenn wir uns nur lange genug bemühen. Vorangetrieben von Erfolgsgeschichten in Büchern und Illustrierten vergessen wir leider immer mehr, dass Anerkennung, Achtung und Erfolg von einem anerkennenden Miteinander bestimmt wird. Was wir brauchen, ist ein Lob, eine Umarmung, ein aufmunterndes Wort, keinen redlich verdienten Billigurlaub in einem einstigen Naturparadies, Wand an Wand mit tausenden Anderen, die die gleichen Billigflüge buchen wie wir und die uns nie näher sind als die glücklichen zufriedenen Menschen auf den Werbeplakaten. Für viele heißt es nur noch: „Hauptsache raus hier!" Auch der teuerste Exklusivurlaub und auch die teuerste und neuste Ausrüstung, die wir für unseren Kletter- oder Surfurlaub erwerben, können nicht darüber hinwegtäuschen, dass unser Miteinander immer mehr verarmt. Wir werden unzufriedener und missmutiger, begegnen schönen Dingen häufig nur noch mit Zynismus. Am schlimmsten ist es für mich, immer wieder zu erleben, wie schon unsere Kinder auf „die Härten des Lebens" vorbereitet werden, indem schon vom Kindergarten an ihre Sorglosigkeit und ihr Vertrauen in diese Welt mit Sarkasmus und „wohlmeinendem" Zynismus belächelt werden: Das wirst du schon noch lernen! Dabei sind wir als Kinder so reich – so reich an Vertrauen, so reich an Lachen, an Fröhlichkeit und Träumen, so reich an Empathie! Freundlichkeit ist kostenlos, schadet nicht und macht gesund!

Überall lesen, hören und sehen wir heute, dank moderner Medien, von den großartigen Leistungen Anderer. Was wir oft nicht erfahren, ist, was aus ihnen wird. Sind sie glücklich, sind sie gesund, haben sie eine Familie, Menschen und Freunde, die sie lieben? Wir fragen auch nicht danach, so sehr sind wir fasziniert von ihren Leistungen, ihren Erfolgen. Neid oder der Wunsch nach ebensolcher Anerkennung, lässt uns oft vergessen, wie komplex und vielgestaltig wir selbst sind mit unseren Bedürfnissen. Unsere Bereitschaft, auf einem Gebiet „alles" zu geben, bestimmt uns zunehmend so sehr, dass wir allzu gern unsere anderen Lebensbedürfnisse, die Bedürfnisse unseres lebendigen Körpers, außer Acht lassen. Aufgrund unseres Bedürfnisses nach Anerkennung und Erfolg, sind wir zu einer lebensverachtenden, lebenszerstörenden Spezies geworden. Wir führen Kriege für Ressourcen, um mehr Gewinne zu machen; wir vernichten Wälder und Meere aus den gleichen Gründen, rotten Tiere aus, vertreiben Menschen aus ihren oft seit Jahrtausenden angestammten Lebensgebieten. Unsere Meere oder arme Länder werden zu Mülldeponien umfunktioniert, um Recyclingkosten zu sparen. Für unseren scheinbaren Wohlstand lassen wir Hunderte Millionen Menschen weit unterhalb eines halbwegs akzeptablen Existenzniveaus für uns arbeiten. Uns stört es auch nicht wenn wir von Kinderarbeit, Massentierhaltung, Umweltzerstörung oder Kriegen hören: Schon beim nächsten Einkauf überlegen wir, wo wir das Gewünschte vielleicht noch etwas preiswerter herbekommen. Wir schütteln vielleicht noch mit dem Kopf, wenn wir bei einem Flug von München nach Rom über Barcelona fliegen müssen oder ein Flug nach Ljubljana über Paris geht. Die erste Frage meiner kleinen Tochter war: „Papa hast du mir etwa aus Paris mitgebracht?" – Ja, das habe ich: einen kleinen metallenen Eiffelturm, der noch heute zu ihren kleinen Schätzen gehört. All diese Dinge dienen der Maximierung von Gewinnen, ohne Rücksicht auf Ressourcen oder Umwelt.

In einer solchen Umwelt, nimmt es nicht wunder, wenn schon junge Menschen ungeheuer viele Stunden am Tag am Computer verbringen, um auch noch den nächsten Level irgendeines Spieles zu schaffen, um – nebenbei Fastfood und Energydrinks in sich hineinstopfend – in einer Rangliste von Platz tausendsoundso auf Platz tausendirgendwas zu gelangen. Aus Mangel an echter Anerkennung jagen sie, ohne Rücksicht auf ihre Gesundheit, wenigstens einer virtuellen Anerkennung hinterher. Scheinbare Erfolge sind jedoch keine Erfolge – wir benötigen echte Anerkennung, echte Aufmerksamkeit für unsere Gesundheit! So ist es nicht weiter verwunderlich, dass der Körper irgendwann die geforderten Leistungen versagt. Aufmerksamkeitsdefizite schaden der Gesundheit und unsere technischen Hilfsmittel, wie Computer oder Handys, können menschliche Nähe nicht ersetzen. ADS und ADHS bei Kindern; Epilepsien und psychische Störungen, häufig durch Drogenkonsum getriggert, bei Jugendlichen und jungen Erwachsenen; MS und ähnliche zerebrale Erkrankungen bei Erwachsenen sowie die zerebralen Erkrankungen des Alters wie Alzheimer oder Demenz sind solchen Defiziten an menschlicher Nähe und Aufmerksamkeit geschuldet. Besonders schwarzseherische Experten auf diesem Gebiet, gehen in der Zukunft in den westlichen Industrieländern, von einer 100% Gesamtlebenszeitprävalenz für diese

Erkrankungen aus. Das meint, dass in Zukunft jeder von einer dieser Erkrankungen betroffen sein wird. Öffentliche Diskussionen, Foren und Bücher wie dieses werden hoffentlich dazu beitragen, das solche apokalyptischen Visionen nicht Realität werden. Bessere Medikamente werden das jedoch nicht bewirken!

Aufmerksamkeit und Anerkennung fangen bei der Aufmerksamkeit für unsere eigenen Bedürfnisse an. Wenn wir lernen, auf unser Bedürfnis nach körperlicher Leistung und Vitalität zu achten; wenn wir lernen unseren Bedürfnissen nach körperlicher Nähe und nach dem Erleben des Glücks einer echten Zweisamkeit wieder Aufmerksamkeit und Zeit zu schenken; wenn Schmetterlinge und Seifenblasen den Platz einnehmen, den heute unsere Sorgen um unsere Existenz haben; wenn wir lernen, dass das Geschenk einer großen familiären Gemeinschaft den wirklichen Reichtum menschlichen Miteinanders ausmacht und Weisheit nicht aus Büchern gelernt werden kann, sondern von Generation zu Generation weitergetragen werden muss; wenn wir lernen, dass nur eine Umarmung, ein Lob, ein Über-den-Kopf-Streichen, ein anerkennendes Lachen uns wirkliche Anerkennung vermitteln können, dann muss es nicht mehr unser Körper sein, der uns in unsere Schranken weist. Krankheiten sind oft nur der letzte hilflose Versuch unseres Körpers, uns zu zeigen, dass unser Lebenskonzept nicht funktioniert – für ihn nicht funktioniert! Rund 150 Jahre wissenschaftlich-technische Revolution haben uns befähigt, uns über die Natur zu stellen. Technisch Machbares wird ohne jede Rücksicht auf seine Auswirkungen realisiert. Nicht einmal vor unserem eigenen Körper machen wir dabei halt. Die Medizin ist mit den Auswirkungen dieser Entwicklung auf unsere Gesundheit komplett überfordert, sie kann und wird auch in Zukunft hier nur Schadensbegrenzung leisten können. Für unsere Gesundheit sind wir selbst verantwortlich!

Wenn wir aufrecht und beherzt zu unseren Idealen stehen und uns nicht davon entmutigen lassen, dass andere Menschen es vorziehen, andere Wege zu gehen, werden wir uns weniger mit Rücken- und Knieproblemen herumplagen müssen. Andere Menschen haben andere Stärken und Schwächen, ihr Körper wird vielleicht an anderen Stellen seine Empfindsamkeiten entwickeln. Wenn Frauen ihre Bedürfnisse nach Zärtlichkeit und Nähe nicht verstecken sondern versuchen, sie auch zu leben, wird es seltener werden, dass sie an geschwulstartigen Brust- oder Gebärmuttererkrankungen leiden. Unsere Bedürfnisse zeigen sich am häufigsten in unseren Träumen oder Phantasien. Wenn wir diese Sprache unseres Körpers nicht ignorieren, wird er uns mit einer besseren Gesundheit belohnen. Unsere Prostata wird sich melden, wenn wir über die schönen und wichtigen Dinge des Lebens nur reden, statt endlich zu lernen, sie wirklich zu genießen. Unsere Umwelt oder auch andere Menschen mögen zum Teil belastend oder anstrengend sein – wenn wir sie jedoch nicht mehr als feindlich oder schädlich betrachten, werden viele Menschen, die an Hauterkrankungen und Allergien leiden, ein entspannteres Leben finden. Migräne ist in der Regel an die empfundene Ablehnung unseres Körpers durch uns selbst oder durch Andere gekoppelt. Vorwiegend geistige Tätigkeit mögen viele als tief befriedigend empfinden, doch steht die geleistete Arbeit hier oft in keinem Verhältnis zu der Anerkennung, die sie dafür bekommen. Die hauptsächlich zerebrale Belastung fordert ihren Tribut. In der chinesischen Medizin spricht man von einem Zuviel an aufsteigendem Shen (Geist), welches das Gehirn schädigt. Zerebrale Erkrankungen wie Multiple Sklerose sind eine typische Folge davon. Auch ein Computer braucht Kühlung, um nicht zu überlasten. Lob und Anerkennung sowie die Berücksichtigung der anderen Bedürfnisse unseres Körpers wie Pausen, in denen wir entspannen und lachen, aktivieren unser Dopaminsystem und können uns eine hohe gleichbleibende Leistungs- und Lernfähigkeit bis ins fortgeschrittene Alter garantieren.

Die Liste an Erkrankungen ließe sich beliebig erweitern; jede Erkrankung trägt ihr eigenes Muster in sich, trägt ihre eigene Handschrift, ihre eigene Signatur, hat ihre eigenen psychosozialen Hintergründe. Und wir sind psychosozial interagierende Wesen, niemand lebt allein auf diesem Planeten. Einstein sagt dazu: *Ein menschliches Wesen ist ein Teil des Ganzen, das wir Universum nennen. Es erfährt sich selbst, seine Gedanken und Gefühle als etwas von allem Anderen getrenntes, eine Art optische Täuschung des Bewusstseins.* Wir Menschen brauchen, wie alle anderen Lebewesen, soziale Interaktionen, um existieren zu können, keinen noch so hoch entwickelten Individualismus. Unsere Einzigartigkeit erleben wir nur im Miteinander.

Unser Wunsch nach Anerkennung drückt sich auch in unserer Kleidung aus. Unsere Kleidung soll uns attraktiver machen, damit wir mehr Anerkennung bekommen, sie stellt einen Reiz dar, auf den unsere Umwelt reagieren soll. In den 80ern bestimmten erstmals junge Menschen das

Straßenbild, die mit ihrer Kleidung und ihrem Auftreten provozieren, schockieren wollten. Von vielen wurde dieses Auftreten tatsächlich als schockierend empfunden – als Zuviel des Guten! Die Musikszene sowie die Werbe- und Filmindustrie haben diese Ideen längst aufgenommen und so sind aufreizende, zum Teil aufdringliche aggressive Methoden des Marketings inzwischen zu unserem Alltag geworden. Die ungeheure Flut von Reizen stellt eine hohe Belastung für unseren Organismus dar. Auch die moderne Architektur macht hier keine Ausnahme: Mit riesigen glatten einfarbigen Flächen und geraden Kanten reizt und überreizt sie unsere Sinne. Im alten China legte man sehr viel Wert darauf, dass Häuser und Wohnungen bis hinein zur Inneneinrichtung in einem ausgewogenen Verhältnis zueinander und zur Umgebung stehen. Unter dem Namen Fengshui ist dieses Denken auch im Westen bekannt geworden. Es diente in diesem Zusammenhang zur Herstellung eines gesunden Wohnklimas für ein harmonisches Miteinander innerhalb des

Hauses und des Hauses mit seiner Umgebung. Auf scharfe Kanten und glatte Flächen wurde weitgehend verzichtet, da sie als disharmonisierend bzw. schädigend betrachtet wurden. Die chinesische Medizin wird manchmal auch als Fengshui des Körpers bezeichnet, da sie die Verhältnisse innerhalb des Körpers wieder zu harmonisieren versucht. Eine Disharmonie stellt eine Krankheit dar. Qigong-Übungen, die der Harmonisierung des inneren Energieflusses Qi dienen, werden als inneres Fengshui bezeichnet. Übungen, die den Fluss der Bewegungen harmonisieren sollen, werden als äußeres Fengshui oder Taichi (Taiji) bezeichnet. Taichi bedeutet hier das Erreichen der inneren Ruhe. Unser Körper interagiert mit unserer Umgebung. Eine harmonische Umgebung hilft uns, zur Ruhe zu kommen, eine disharmonische Umgebung macht krank.

Als Rudolf Steiner 1913 das Goetheanum in Dornach, südlich von Basel, bauen ließ, verzichtete er ebenfalls weitgehend auf Flächen und rechte Winkel, um „das Wesen organischen Gestaltens" zum Ausdruck zu bringen. Friedensreich Hundertwasser, der zeitlebens als „Gegner der geraden Linie und jeglicher Standardisierung" auftrat, bezeichnete die Architektur, unsere Häuser, als die dritte Haut des Menschen. Seine Architektur zeichnete sich durch „phantasievolle Lebendigkeit und Individualität" aus. Moderne Architektur, deren Ideal offensichtlich ein Schuhkarton darstellt, mag allenfalls auffällig sein und als Triumph des Menschen über die Natur gelten, doch mit dieser Anmaßung schaden wir uns nur selbst. Wir sind Teil dieser Natur, ihre Missachtung entzieht uns, unserem Körper, allmählich die Lebensgrundlagen und zerstört unseren Planeten, unsere Umwelt nachhaltig. Noch Hunderte von Jahren werden wir mit den Folgen unseres derzeitigen Verhaltens zu kämpfen haben.

So ist es auch besonders zynisch, wenn an mit Erdgas betriebenen Fahrzeugen in großen grünen Lettern zu lesen ist: „Mutter Natur fährt mit".

Erdgas ist keine Alternative zu Benzin, Diesel oder Erdöl. Die Zukunft gehört allein dem Wasserstoff als Energieträger. Er ist fast überall verfügbar und die Kosten für seine Gewinnung sind überschaubar. Schon als Zwölfjähriger träumte ich von mit Wasserstoff betriebenen Autos und stellte Berechnungen zu deren Realisierung an. Heute, mehr als vierzig Jahre später, sind diese Träume längst keine Utopien mehr. Die dazu nötigen Technologien sind vorhanden und könnten Alltag sein. Aber unsere Bequemlichkeit und Rücksichtslosigkeit gegenüber der Natur, überlassen einer allzu gewinnorientierte Öllobby das Feld.

Unsere körperliche Gesundheit ist von der Gesundheit Aller, der gesamten Natur, abhängig. Wenn wir dies nicht lernen und weiter wegen Öl, Wasser und anderen Rohstoffen Kriege führen, werden wir nicht nur weiter Millionen von Menschen das Leben nehmen und unseren Planeten weiter nachhaltig zerstören, sondern auch unserem eigenen Körper mehr und mehr die

Lebensgrundlage entziehen. Unser Körper ist Teil eines viele Milliarden Jahre alten Biotops, Erde genannt. Es braucht uns Menschen nicht – aber wir, wenn wir leben wollen, brauchen es!

Vor einiger Zeit habe ich auf Facebook ein kurzes Video gesehen. In diesem Video war ein junger Lehrer zu sehen, der in einer etwa zweiten Klasse jeden einzelnen Schüler begrüßte. Er bat ihn nach vorn, setzte sich vor ihn hin und sagte sinngemäß: „Es ist schön, dass du da bist. Ich wünsche dir, dass du heute einen schönen Tag in der Schule hast und dich mit deinen Freunden gut verstehen wirst. Es ist schön, dass du so viele Freunde hier hast und von den Anderen gemocht wirst. Es wird dir leicht fallen und du wirst mit viel Freude die Aufgaben, die dir heute gestellt werden, lösen. Wenn du Konflikte oder Streit mit deinen Klassenkameraden hast, werdet ihr sie auf freundliche Weise miteinander klären und euch wieder vertragen". So in etwa sprach der Lehrer mit jedem einzelnen Schüler, den er nach vorn bat. Dieses Video wurde offensichtlich im

Rahmen einer Studie gedreht. Zusammenfassend wurde am Ende darüber berichtet, dass sich sowohl die schulischen Leistungen, als auch die sozialen Kompetenzen der Schüler innerhalb eines halben Jahres wesentlich verbessert hätten. Das Klassenklima habe sich deutlich verbessert, die Schüler seien aufgeschlossener und freundlicher ihren Klassenkameraden gegenüber, die Leistungsbereitschaft und das Konfliktbewältigungspotenzial seien gestiegen.

Kinder besitzen eine ungleich viel höhere Sensibilität für Lob und Anerkennung. Aber auch ihre sozialen Sensoren sind wesentlich feiner ausgeprägt als bei Erwachsenen. Auf Ungerechtigkeit, Benachteiligung oder Ignoranz reagieren sie viel stärker und verletzter. Ebenso können sie voller Hingabe und Euphorie Freundschaften genießen und ausleben. Sind wir Erwachsenen diesbezüglich unsensibler? Verkraften wir Ablehnungen und Enttäuschungen besser als in unserer Kindheit? Brauchen wir weniger Lob und Anerkennung, um uns wohl zu fühlen? Oder meinen wir heute nur, diese Dinge seien nicht so wichtig, weil wir allzu oft verletzt worden sind und uns weitere Enttäuschungen ersparen wollen ?

Meine Tochter mit ihren fast zwölf Jahren zeigte mir letztens auf ihrem Handy, den Chat mit ihren Freunden, in dem sich über vierhundert vorwiegend witzige Nachrichten allein am Wochenende angesammelt hatten. Ich habe mich köstlich darüber amüsiert und wir haben uns zusammen die schönsten Passagen angeschaut. Meine Tochter fragte, warum wir Erwachsene das nicht machen, wir hätten doch alle ein Handy. Wir Erwachsenen wären komisch, dass wir nicht mehr miteinander reden: „Warum reden Mama und du nicht mehr miteinander? Wenn wir uns mal streiten, vertragen wir uns danach auch wieder!"

Achtung und Anerkennung sollten zunächst bei uns selbst anfangen. Wir sollten lernen, auf die Bedürfnisse unseres eigenen Körpers zu achten, auf eine entspannte Muskulatur, eine aufmerksame und achtungsvolle Haltung gegenüber unseren eigenen Gefühlen und Träumen. Achten wir auf unsere Haltung, unsere Mimik: Was strahlen wir aus? Ärger und Anspannung tun niemandem von uns gut. Wir sollten nicht zulassen, dass wir uns unwohl fühlen. Eine offene, herzliche Kommunikation löst Spannungen und ist der gesündere Weg. Es gibt keine Garantie, wenn wir freundlich zu Anderen sind, dass sie uns ebenfalls freundlich begegnen. Aber es ist der einzige Weg, den wir selbst gehen können, damit wir uns wohler fühlen! Auch der manchmal vielleicht berechtigte Ärger über Andere, lässt uns verspannt sein und stört unser inneres Gleichgewicht. Lassen Sie es nicht zu, dass Andere – und schon gar nicht Personen, die Sie gar nicht mögen – darüber bestimmen können, wie Sie sich fühlen. Sie sind für sich selbst verantwortlich! Es macht uns krank, wenn wir uns so ärgern, dass wir uns über nichts mehr freuen können. Es nutzt auch nichts, wenn wir in unserer wertvollen Freizeit zu Entspannungs- und Meditationskursen oder zum Yoga hetzen, um hier endlich den ersehnten Ausgleich zu finden – und im Anschluss daran wieder in den alten Trott unserer Kümmernisse zu verfallen.

Wir können vielleicht die Welt nicht ändern, in der wir leben, aber aussteigen können wir aus ihr auch nicht. Wenn wir uns mehr darauf konzentrieren, wie wir uns im Alltag fühlen möchten, und darauf achten, uns davon nicht abbringen zu lassen, erhöhen wir unsere Belastbarkeit und Leistungsfähigkeit im Umgang mit unserem Körper und unseren Gefühlen. Diese Leistungsfähigkeit bestimmt, ob, wie und wann wir uns aus dem Gleichgewicht bringen lassen. Je belastbarer wir sind, desto mehr können wir auch nach außen schauen und sehen, wie es Anderen geht, können lernen, auch auf deren Gefühle und Bedürfnisse zu achten, ohne dass wir selbst wieder aus dem Gleichgewicht geraten.

Empathie, Mitgefühl beruht auf der Fähigkeit, selbst eine innere Stabilität im Umgang mit unseren eigenen Gefühlen zu besitzen. Ist unsere innere emotionale Stabilität groß genug, dann reicht sie eben nicht nur für ein paar Stunden mit unseren Lieblingsfreunden. Sie reicht dann auch für mehr als ein paar Wochen oder Tage, in denen wir uns mal wieder verliebt haben. Sie reicht dann vielleicht auch dafür, immer noch Herz zu haben, wenn es zum Streit kommt oder wenn der Alltag unsere Liebe aufzufressen droht. Unsere emotionale Leistungsfähigkeit sollte auch nicht zusammenbrechen, wenn zahllose Flüchtlinge mit den gleichen Bedürfnissen und Träumen wie wir unsere Aufmerksamkeit und Achtung verlangen.

Emotionale Stabilität und Leistungsfähigkeit sowie unsere darauf basierende Empathie sind keine Eigenschaften, die wir im stillen Kämmerlein bei einer Meditation zelebrieren sollten. Es sind die Stärken unseres Menschseins! Sie auf wenige Freunde und

Arbeitskollegen oder auf unsere Kinder zu beschränken, macht unser Miteinander ärmer; sie auf nur wenige Stunden am Tag, oder auf die Zeit des Urlaubs zu reduzieren, macht uns selbst ärmer! Sie sollten uns so wichtig sein wie unser Atem, denn sie sind unser sozialer Atem. Wir sollten ihn leben – lebendig, achtsam, und bewusst. Er ist Teil unserer täglichen ununterbrochenen Achtsamkeit dem Leben gegenüber – einer Achtsamkeit, die vielleicht eines Tages so groß sein wird, dass sie unseren ganzen Planeten umfassen kann.

Sinnhaftigkeit

Unser Leben ist Resonanz. Wir sind über feine Schwingungen mit allen uns umgebenden Dingen und Lebewesen dieses Planeten verbunden. Wie diese Schwingungen geartet sind, ist heute noch weitgehend unbekannt.

Durch sie sind wir jedoch verbunden mit aller uns umgebenden Materie des gesamten Universums, sind Teil eines unvorstellbaren großen Ganzen. Wir sind verbunden mit allen Zeiten und allen Orten des Universums, von denen die Meisten von uns, heute noch nicht das Geringste wissen oder ahnen. Wir sind nicht nur, sondern wir waren schon immer mit allem verbunden. Unser Körper trägt dieses Wissen und diese Fähigkeit in sich, aus ihnen heraus ist er entstanden. Resonanz, Mitschwingen ist das alles hervorbringende, alles bestimmende Prinzip, welches alles miteinander verbindet. In diesem Schwingen ist eine Richtung vorhanden, eine Intelligenz, die jedes noch so winzige Elementarteilchen mit umfasst, es zum Teil des Ganzen und ihrer Selbst werden lässt. In dem jedes Teil für sich in der Lage ist, auf diese Schwingungen zu reagieren und sie damit zu verstärken, offenbart sich dessen eigene Intelligenz und es trägt dazu bei, den Kanon, dessen was wir Universum oder Schöpfung nennen können, mitzutragen und zu beleben.

Indem wir Teil des Ganzen sind, ist das Ganze durch uns. Gleichzeitig sind wir nicht losgelöst vom Ganzen, wir sind das Ganze. Jedes Individuum ist das Ganze, nichts existiert außerhalb dessen. Wir sind Teil einer immerwährenden fortdauernden Entwicklung. Nichts ist von dieser Entwicklung ausgenommen, nichts kann in seinem Urzustand verharren, nichts kann seinen Zustand behalten. Den „Weg der Wandlungen" nennen es die Chinesen. Der Weg dieser Entwicklung vollzieht sich über Resonanz, über die Fähigkeit des Mitschwingens. Sind Dinge träge und verlieren ihre Fähigkeit zur Resonanz, dann werden sie aufgebrochen, zerfallen in ihre Grundbestandteile und bilden so die Grundlage für die Entstehung von Neuem, fügen sich im Laufe ihrer Entwicklung erneut zu höherer Ordnung zusammen, entwickeln sich weiter oder zerbrechen erneut. So ist in einigen Religionen das Bild von den Reinkarnationen oder das Bild des Urknalls entstanden.

Dinge gleicher Art schwingen in gleicher Art, haben ihre eigene spezifische Schwingung, ihre eigene Kommunikation. Kommunikation ist Resonanz. So schwingen alle Elementarteilchen, alle Moleküle, alle organischen und nicht organischen Strukturen in der ihnen eigenen Art miteinander, sind miteinander verbunden, bilden durch ihre Resonanz miteinander ein einziges universelles Teilchen und können sowohl in der Betrachtung als auch in ihren Eigenschaften nicht voneinander getrennt werden. Trennen wir sie voneinander, dann können wir ihre vollständigen Eigenschaften und Wirkmechanismen weder erkennen noch erklären.

Auch wir Menschen sind von gleicher Art. Es spielt dabei keine Rolle, welcher Rasse wir angehören, welche Hautfarbe, Nationalität oder Sprache wir besitzen. Auch spielt es keine Rolle, ob wir Greise, Kinder, Männer oder Frauen sind. Wir schwingen alle in gleicher Art miteinander, sind als Menschheit ein Mensch, ein Körper, ein Organismus. Kein Mensch oder Körper kann und sollte losgelöst von anderen betrachtet werden. Gleichzeitig sind wir Menschen Teil des Ganzen, sind eingebunden in den Organismus Erde oder Universum. Auch Pflanzen schwingen, ob als Moos oder als riesiger Baum, in der allen Pflanzen eigenen Art miteinander und sind gleichzeitig auf einer anderen Schwingungsebene als Teil des Ganzen mit allem anderen verbunden. Ebenso schwingen alle Tiere, ob als Frosch oder als Fruchtfliege, als riesiger Wal oder winziges Pantoffeltierchen, auf einer Ebene miteinander. Menschen schwingen in der ihnen eigenen Art als Menschen. In den Religionen findet man für den Begriff des gemeinsamen Schwingens oft das Wort Seele. Demgemäß besitzen die Pflanzen eine gemeinsame Seele, die Tiere eine gemeinsame Seele, wie auch wir Menschen eine einzige gemeinsame Seele besitzen.

Wenn wir das Leben um uns herum betrachten, erleben und sehen wir eine scheinbar unendliche Menge an Vielfalt, an Vielgestalt. Das Schwingen umfasst jeweils eine Art Bandbreite.

So wird auch das Licht des Regenbogens, das aus einer einzigen Quelle stammt, durch Brechung in verschiedene Farben zerlegt. Die unterschiedlichen Farben entstehen dabei durch einen unterschiedlichen Brechungs- bzw. Betrachtungswinkel. Die uns umgebende Vielfalt ist dementsprechend nicht viel mehr, als ein durch unterschiedliche Betrachtungswinkel hervorgerufenes Abbild ein und derselben Quelle bzw. Ursache. Dieses eine Ganze, von dem wir so unendlich verschiedene Bilder haben, ist ein einziger fühlender, sich fortentwickelnder intelligenter Organismus, von dem alles was ist, ein Teil ist: die Sterne, die unendlich vielen uns umgebenden Sonnen und Monde, der Staub fernster Galaxien und ebenso die kleinsten uns heute bekannten Elementarteilchen.

Dinge, die in besonders starker Weise miteinander schwingen, in Resonanz sind, entsprechen oder ähneln einander. Schlagen wir auf einem Klavier den Ton A an, dann schwingen die A-Saiten anderer Instrumente mit, dann Harmonische und Subharmonische entsprechend schwächer. Auf uns Menschen bezogen bedeutet dies, dass – Ideen, Ereignisse oder Menschen, auf die wir mit besonders intensiven Gefühlen reagieren, „auf unserer Wellenlänge liegen". Dabei spielt es keine Rolle, ob diese Gefühle nun als positiv oder negativ erlebt werden. Wut entsteht in erster Linie aus dem Gefühl heraus, von der anderen Person nicht verstanden oder akzeptiert zu werden, also aus dem Wunsch, gerade von dieser Person mehr Achtung und Verständnis zu bekommen. In dieser Hinsicht besitzen wir außerdem eine Art „Vorprägung", eine Art Konditionierung, die es uns ermöglicht, mit bestimmten Gefühlen leichter in Resonanz zu kommen als mit anderen. Ausdruck findet dies beispielsweise auch in den Sternzeichen oder Horoskopen. Aber wir schwingen eben nicht nur in den Gefühlen miteinander, sondern unser Körper, unser ganzes Sein, schwingt mit. So ist es auch zu erklären, warum bestimmte Menschen eher zu bestimmten Krankheiten oder Disharmonien – so die chinesische Medizin – neigen als andere, oder warum wir uns zu bestimmten Menschen mehr hingezogen fühlen als zu anderen oder warum wir Affinitäten zu bestimmten Ideen oder Träumen entwickeln.

Die Fähigkeit oder Eigenschaft, mit unserer Umgebung in Resonanz kommen zu können, ist es, was unser Leben oder Sein ausmacht. Je stärker wir in der Lage sind mitzuschwingen, desto stärker und ausgeprägter ist unsere Lebensenergie, desto lebendiger sind wir. Die Fähigkeit zur Empathie macht also einen wesentlichen Teil unserer Lebensqualität aus. Wir Menschen besitzen außerdem als Einzige auf diesem Planeten die Fähigkeit, durch unseren Willen oder durch unsere Wünsche in einer bestimmten Schwingung bewusst selbst zu schwingen. Vergleichbar ist das am besten mit einem Saal voller Instrumente: Wenn ein Musiker einen Ton spielt, schwingen die entsprechenden Saiten aller anderen Instrumente mit und beginnen, lebendig zu werden. Da es in der Natur keine reinen Töne gibt, entstehen neue Resonanzen durch die entsprechenden Obertöne oder Harmonischen und Subharmonischen und so haben wir das Bild eines Universums vor uns mit seiner scheinbar unendlichen Vielfalt. Betritt nun ein anderer Musiker den Saal und spielt seinerseits den gleichen Ton, geht also in „Resonanz", dann werden auch alle anderen Instrumente in diesem Ton wesentlich stärker mitschwingen. Wählt er aber einen anderen harmonischen Ton, werden nun wesentlich mehr Resonanzen hervorgerufen. Ein Bild großer Lebendigkeit entsteht. Wählt er hingegen bewusst oder unbewusst einen disharmonischen Ton, dann werden durch die entstehenden Interferenzen andere Resonanzen nicht nur unterdrückt, sondern teilweise auch aufgehoben. Ein Disharmoniemuster entsteht – bezogen auf unseren Körper – ein Krankheitsmuster.

Als ich einen befreundeten Intendanten eines Theaters fragte, warum er denn nicht bei der Premiere eines Stückes anwesend war, antwortete er: *ich habe mir die Proben angesehen, mir hat das Stück absolut nicht gefallen, ich habe mich richtig darüber geärgert. Wenn ich jetzt in der Premiere gesessen hätte, hätte mein Ärger nur bewirkt, dass zehn Leute*

um mich herum das Stück auch nicht gemocht
hätten und das muss ja nicht sein.

Disharmonien entstehen also durch die
Unfähigkeit zur Empathie, durch bewusstes oder
unbewusstes Unterdrücken unserer Fähigkeit des
Mitschwingens. Unsere Fähigkeit zur Empathie
lässt uns mit allen Dingen „im Einklang" sein,
„im Lichte wandeln" ist ein anderer Ausdruck
dafür. Ein harmonisches Miteinander ist
demnach ein gemeinsames harmonisches
Miteinander-Schwingen, ein „In-Resonanz-Sein,
bedeutet Empathie".

Auch ein Streit oder eine laute Auseinandersetzung ist nicht gleich eine Disharmonie.
Vielmehr bedeutet es, dass jemand eine Saite in
uns sehr stark zum Schwingen gebracht hat. Es
ist, als hätten wir unabsichtlich ein empfindliches
Instrument an- oder umgestoßen. Zu einem
umgestoßenen Instrument sagen wir auch nicht
„sei doch nicht gleich so laut", sondern wir
heben es behutsam auf, schauen nach, ob etwas
kaputtgegangen ist und entschuldigen uns

gegebenenfalls. In einer Auseinandersetzung wäre hier ein „ich wollte dich nicht verletzen, ich wollte dir nicht weh tun" angebracht. In jedem Fall sind wir jedoch die Verursacher dieser starken Resonanz. Wir haben den Anderen in Schwingung versetzt. In Schwingung geraten konnte er deshalb, weil er in Resonanz mit uns, weil er empathisch war. Wenn uns jemand kritisiert, sind wir ihm wichtig. Sollten wir eine solche Reaktion nicht mögen, ist es ratsam, behutsamer mit dem Anderen umzugehen oder zu überlegen, ob wir nicht ebendiese, uns innewohnende, Schwingung selbst häufig aus unserem Bewusstsein verdrängen und sie deshalb ständig beim Anderen auslösen. In jedem Fall ist es jedoch falsch, eine Verantwortung für die Reaktionen unserer Umgebung von uns zu weisen.

Dieses Miteinander-Schwingen geschieht auf der Ebene der Gefühle. Ein anderer Ausdruck dafür ist das sogenannte „Unterbewusstsein". Nach Dr. Ulrich Warnke macht dieses „Unterbewusstsein" 95 % unseres Seins, unserer Persönlichkeit aus.

Nur fünf Prozent sind seiner Meinung nach also „bewusst". Meines Erachtens, liegt der Prozentsatz dessen, was uns bewusst ist, jedoch um ein Vielfaches niedriger. Vieles, was wir als bewusst oder als Denken betrachten, besteht größtenteils aus vom Unterbewusstsein getriggerten, sogenannten Subroutinen, also Denk- oder Verhaltensstrukturen, die wir meist völlig unreflektiert übernommen und kopiert haben, ohne sie jemals hinterfragt zu haben. Sie sind als sogenannte Meinungen in unserem Bewusstsein verankert. Den Mechanismus für ihre Etablierung in unserem Bewusstsein nennen wir Logik, wenn uns etwas plausibel erscheint. Wenn uns etwas klar und verständlich erscheint, hinterfragen wir es nicht mehr und sind davon überzeugt, dass es so und nicht anders sein kann.

Fast unsere gesamte Alltagskommunikation beruht auf solchen Vereinfachungen des Denkens, und das meist ein Leben lang. Sie dienen in erster Linie dazu, zunächst einen einfachen Einstieg in unsere Kommunikation zu ermöglichen. Fragen über das Wetter, Politik,

Fußballergebnisse, Filme, Krankheiten oder Kinder gehören dazu. Solche Themen stellen jedoch lediglich einen Meinungsaustausch dar und sollen zunächst dazu dienen, über eventuelle gemeinsame Interessen miteinander in Berührung zu kommen. Ein wirklicher Austausch, eine Resonanz entsteht hier noch nicht. Erst der Austausch, beziehungsweise das Mitteilen erlebter Gefühlsinhalte kann Resonanzen hervorrufen. In der Kommunikation von 2–6-Jährigen oder in der Kommunikation von Tieren untereinander können wir dies sehr schön erleben. Da der Meinungs- oder Wissensaustausch uns lediglich mögliche Positionen zu bestimmten Themen verdeutlichen kann, hat er nicht das Geringste mit zwischenmenschlicher Kommunikation oder wirklicher Begegnung oder dem Interesse daran zu tun. Mit sachlicher, entspannter oder nüchterner Kommunikation drücken wir also in allererster Linie unser Desinteresse am Anderen aus. Cool zu sein bedeutet nichts anderes, als möglichst keinerlei Emotionen im Anderen hervorrufen zu wollen – besser kann man

Desinteresse wohl kaum zum Ausdruck bringen. Je „cooler" unser Umgang miteinander wird, desto mehr geht zwischenmenschliche Wärme verloren.

Wärme entsteht durch Reibung, und Reibung entsteht durch Auseinandersetzung. Wenn wir die Fähigkeiten zu Auseinandersetzungen verlieren, verlieren wir unsere Fähigkeiten, belastungsfähige Beziehungen aufbauen oder erhalten zu können. Wut, Tränen, Angst, Schmerz oder Freude und Übermut sind Emotionen, die wir mit allen Lebewesen gemeinsam haben. Verlieren wir unsere Fähigkeit, diese auszudrücken oder bei Anderen auszuhalten, verlieren wir unsere Empathie und hören auf, Teil des Ganzen zu sein. Doch der uns umgebende Kosmos, das gesamte Universum, ist ein einziger fühlender und miteinander interagierender Organismus, dessen Teil wir sind. Egal ob wir meinen, wir als Spezies Mensch könnten uns davon ausnehmen – unser Körper kann es nicht. Hochsensibel und empfindsam reagiert er auf die feinsten Schwingungen unserer Umgebung. Für seine Lebendigkeit, seine Gesundheit bedarf es des Mitschwingens, des Eingebettet-Seins in die Emotionen oder Gefühle seiner Außenwelt. Ohne Austausch und Empathie richten wir ihn zugrunde.

Unser menschlicher Körper ist ein hochsensibler, hochintelligenter komplexer Organismus, der im Laufe vieler Millionen Jahre die Fähigkeit entwickelt hat, in einer großen Bandbreite schwingen zu können. Wir sind von klein auf zu einer unglaublichen Fülle an Emotionen fähig. Diese Eigenschaft ist für die Anpassungsfähigkeit an unsere Umgebung und für die Gesundheit unseres Körpers, also für unser Überleben notwendig. Nach Auffassung der chinesischen Medizin haben die unterschiedlichen Emotionen ihren Sitz in unterschiedlichen Organen. Wut und Zorn beispielsweise sitzen in der Leber wie Trauer oder Freude aus dem Herzen kommen und Ideen oder unsere Zweifel den Nieren zugeschrieben werden; unser Wertesystem, unsere Wertvorstellungen sind mit dem Darm assoziiert.

Natürlich „sitzen" oder „kommen" diese Emotionen nicht aus diesen Organen, vielmehr reagieren diese am empfindlichsten, wenn Defizite auf diesen Schwingungsebenen vorhanden sind. In der indischen oder alten ägyptischen Medizin glaubte man lange, dass die einzelnen Organe der Sitz verschiedener Götter wären und Krankheiten Ausdruck der Unzufriedenheit des jeweiligen Gottes seien. Durch Opferung verschiedener Speisen oder Kräuter versuchte man dann diese Gottheiten zu besänftigen. Bei den Etruskern versuchte man, aus den Organen getöteter Tiere den Willen der Götter zu ergründen, um so Einblicke in das bevorstehende Schicksal zu erlangen.

Auch wenn unser Körper als Organismus ein komplexes Ganzes darstellt und nur so seine volle Leistungsfähigkeit entfalten kann, besteht er doch aus der Summe seiner einzelnen Teile. Jedes seiner Organe und Strukturen besitzt als Teil des Ganzen den gleichen Wert und sollte nie losgelöst von den anderen betrachtet oder behandelt werden, wie es derzeit in der modernen wissenschaftlichen Medizin geschieht. Es gibt keine wertlosen oder minderwertigen Strukturen in unserem Körper, wie beispielsweise den Blinddarm oder eine Bandscheibe, die bedenkenlos entfernt oder verändert werden können, ohne den gesamten Körper damit nachhaltig zu verändern und in seiner Funktionsfähigkeit dauerhaft zu beeinträchtigen. Mehr als viereinhalb Millionen Jahre Entwicklung liegen dem Aufbau unseres Körpers zugrunde, Überflüssiges hätte die Evolution längst über Bord geworfen. Eingriffe in dieses System setzen ein Verständnis und eine Berücksichtigung des Ganzen voraus. Davon sind wir jedoch noch weit entfernt.

Unser Neokortex, genaugenommen unser Verstand, kann immer nur einen winzigen Aspekt des Ganzen erfassen; er bekommt gewissermaßen nur einen Bruchteil des Gesamtbildes zugespielt. Von unserer Bildung oder Intelligenz ist es nun abhängig, diese Bruchstücke, die meines Erachtens weit weniger als ein Prozent betragen, zu interpretieren.

Fokussieren wir stärker, verringert sich der Anteil des Wahrgenommenen noch weiter, ähnlich wie bei einer Lupe, die zwar mehr Details liefert, jedoch das Ganze in den Hintergrund drängt. Je klarer und präziser also unser Verstand arbeitet, desto weniger erschließen sich uns Gesamtzusammenhänge. Die sogenannten bewusstseinserweiternden Drogen haben in der Regel genau die Funktion, die Tätigkeit des Neokortex vorübergehend einzuschränken und so ein größeres Blickfeld für Gesamtzusammenhänge zu eröffnen.

Entwicklungsgeschichtlich ist unser Verstand entstanden, um uns ihn schwierigen Situationen das Überleben zu sichern. Durch ihn sind wir in der Lage, eine Entscheidung zu treffen und uns für einen bestimmten Weg zu entscheiden. Er ermöglicht es uns, uns für einen Moment aus dem großen Ganzen herauszunehmen und uns auf einen einzigen Aspekt einer Situation zu konzentrieren. Für Momente, in denen wir keinen Ausweg sehen, uns die Zuversicht fehlt, wir nicht genug Kraft haben oder zweifeln, ermöglicht uns unser Verstand, unter Ausschaltung aller anderen Aspekte eine Lösung zu erarbeiten, die uns ein Überlebensmodell für diese Situation zur Verfügung stellt. Diese Fähigkeit ermöglicht es beispielsweise einem Singvogelmännchen, das normalerweise jeden Winter die beschwerliche Reise in wärmere Gebiete auf sich nimmt, die Entscheidung zu treffen, hier zu überwintern. Es nimmt das Risiko auf sich, zu verhungern oder zu erfrieren für den Vorteil, im kommenden Frühling als erstes sein Nest fertig zu haben und so für die Weibchen attraktiver zu sein. Individuelle Lösungen schaffen individuelle Vorteile. Das nicht artgerechte Verhalten des Vogels würde, wenn es von allen übernommen würde, im Falle eines besonders harten Winters jedoch ihre Art gefährden oder gar auslöschen.

Sinnvolle Lösungen sind aber Lösungen, die möglichst viele Aspekte, auch scheinbar widersprüchliche, mit berücksichtigen. Jeder Lösungsansatz beinhaltet in seiner ganzen Komplexität immer ein „Sowohl-als-auch" und ist voller Ambivalenzen. In unserem Körper korrespondieren nach der Auffassung der chinesischen Medizin die Nieren mit der Fähigkeit zur Ambivalenz. Als Paarorgan steht es gewissermaßen für das „Sowohl-als-auch", für das „Ja und Nein" oder für das „Yin und Yang". Die Nieren kontrollieren das Mark und öffnen sich in die Ohren, heißt es in der chinesischen Medizin. Unser Gehirn wird in der chinesischen Medizin dem Mark zugeordnet, wie auch die Nerven und das Innere der Gelenke. Die Linsenkörper in den Augen bestehen zu mehr als 98 % aus Wasser und fallen ebenfalls unter das Regime der Nieren. Der graue Star ist also in der chinesischen Medizin eine Nierenerkrankung, wie auch die meisten zerebralen-, Gelenks- und Innenohrerkrankungen. Die Nieren stehen in der chinesischen Medizin außerdem für die Lebenskraft, das Jing. *Das Jing*, sagt die klassische chinesische Medizin, *ist wie zwei Kerzen, die bei der Geburt angezündet werden, sind sie heruntergebrannt, ist das Leben zu Ende.*

Die Nieren heißen auf chinesisch „Shen". Shen bedeutet auch Geist, aber Geist bedeutet nicht Verstand! *Shen*, sagen die Chinesen, *muss immer das Gleichgewicht von Yin und Yang beinhalten. Hat es zu viel Yang, schädigt es das Mark durch Hitze, hat es zu viel Yin, schädigt es durch Kälte.* Ein ausgewogener Geist beinhaltet also immer beide Aspekte gleichermaßen. Unser Verstand kann jedoch immer nur einen Aspekt berücksichtigen, ein „Entweder-Oder". Ein „Entweder-Oder" oder eine Entscheidung für einen Aspekt unterdrückt jedoch zwangsläufig den anderen Aspekt und führt zu dessen Blockierung. Blockierungen rufen auf Dauer Schädigungen hervor.

Die Nieren gelten außerdem als „Architekt" des Lebens, d.h. sie stehen für unsere Lebensplanung. Ständige Entscheidungen, ungelöste Probleme, Sinnfragen oder Zweifel am eingeschlagenen Weg gehen uns „an die Nieren", schwächen die Lebenskraft Jing. Prof. Dr. Dr. Heping Yuan beschreibt das Jing als eine Art *Notstromaggregat mit zugeschweißtem Tank:* Es sei für Entscheidungsfindungen und längere oder schwere Erkrankungen zuständig. Im Taoismus glaubt man, dass sich diese Lebenskraft nicht aufbraucht, wenn man im Einklang mit dem Himmel lebt – das meint in Resonanz mit dem Ganzen lebt – und man so sogar Unsterblichkeit erlangen könne.

Unser Verstand hat jedoch große Probleme mit dem Sowohl-als-auch. Er will es immer ganz genau wissen. Auf der Suche nach dem *So-und-nicht-anders* vergreift er sich dann schon mal am Baum der Erkenntnis und wundert sich dann, dass ihm das große Ganze, das Paradies, verloren gegangen ist. Aufgrund der polarisierenden Eigenschaften unseres Verstandes neigen wir nun einmal dazu, bestimmte Lösungen für richtig und andere für falsch zu halten. Die Stärke unseres Verstandes besteht in der Fähigkeit zur Differenzierung. Je stärker wir jedoch differenzieren, desto individueller und weniger verallgemeinerbar sind die so entstehenden Lösungsansätze. Auch für uns selbst, sind häufig erfolgreiche Lösungsmodelle vergangener

Situationen, oft in anderen Situationen nicht mehr nutzbar. So befinden wir uns in einem Teufelskreis, in dem wir den Erfolg einer früheren Lösung zu kopieren suchen und nun ständig nachbessern müssen, bis wir, oft frustriert, zugeben müssen, dass wir kaum einen Schritt weiter gekommen sind und oft noch weit von einer wirklichen Lösung oder Erkenntnis entfernt. Vielleicht wusste der Gott der christlichen Mystik um diese Schwierigkeiten und sagte deshalb, dass nun das Paradies für immer verloren sei. Einstein sagt: *Wir können die Probleme der Welt nicht mit den Denkmustern lösen, die zu ihnen geführt haben.*

Ein kurzer Exkurs in die Fünf-Elemente-Lehre der chinesischen Medizin mag unsere Schwierigkeiten im Umgang mit Ambivalenzen deutlich machen. Die fünf Elemente sind Holz, Feuer, Erde, Metall und Wasser. Wenn wir diese Elemente zu beschreiben versuchen, beschäftigen wir uns in aller erster Linie, mit deren Unterschieden, d.h., wir differenzieren sie. Feuer beispielsweise ist heiß und Wasser nass.

Mit Wasser kann man Feuer löschen, aber Feuer kann auch Wasser verdunsten. In der Fünf-Elemente-Lehre heißt es aber auch, dass die Elemente sich ineinander wandeln können. So wird beispielsweise Holz zu Feuer, Feuer zu Erde, dann zu Metall und schließlich zu Wasser. Wie aber ist es möglich, dass sich Feuer in Wasser verwandeln kann, wenn beide doch einander so widersprüchlich sind? Feuer und Wasser der Fünf-Elemente-Lehre sind nur unterschiedliche Erscheinungsformen ein und des-selben Elementes, ähnlich den Farben des Regenbogens. Es ist lediglich der Betrachtungswinkel, der verschieden ist. Dieses Element besitzt ALLE Eigenschaften. Ähnlich verhält es sich mit Yin und Yang. Auch hier wird von männlich und weiblich, von hell und dunkel etc. gesprochen. Wer immer über diese Dinge in solcher Art referiert, findet das große Interesse einer verstandes-orientierten Zuhörerschaft. Aber auch hier handelt es sich um ein „Sowohl-als-auch". Niemand würde die verschiedenen Phasen des Mondes für unterschiedliche Phänomene oder gar Monde halten. Er sind nur unterschiedliche Erscheinungsformen ein und desselben Himmelskörpers.

Unser Verstand erlaubt uns, uns durch unsere Wahrnehmung als Individualität, als vom Ganzen losgelöst zu betrachten. Durch diese Loslösung sind wir in der Lage, unsere Bedürfnisse, Wünsche und Träume zu erkennen. Der Weg zu ihrer Erfüllung geht jedoch einher mit der Aufgabe unserer Individualität, mit dem Eintauchen in ein Meer voller Ambivalenzen und Möglichkeiten. Unsere Einzigartigkeit geht dabei jedoch nicht verloren: Unsere Gefühle, unser Erleben und unsere Resonanz im Gewahrwerden machen unsere Einzigartigkeit aus. *Man sieht nur mit dem Herzen gut, das Wesentliche ist für die Augen unsichtbar,* schreibt Antoine de Saint-Exupéry.

Unser Verstand ist derzeit noch nichts weiter als ein einfaches Interpretationsinstrument einer viel größeren, von ihm nicht erfassbaren Wirklichkeit – einer Wirklichkeit, der wir stiefmütterlich den Namen *Unterbewusstsein* gegeben haben. Diese simplen Interpretationen bezeichnen wir aber als Denken – ein Denken, von dem René Descartes sagt: *ich denke also bin ich*. Er gilt als Philosoph der Aufklärung und Begründer der modernen Philosophie. Richtiger müsste es aber heißen: Ich fühle, bin Teil des Ganzen, und das Ganze ist durch mich, also bin ich. Es ist, als würden wir versuchen, anhand eines einzigen von unserem Verstand wahrnehmbaren Puzzleteilchens Rückschlüsse auf ein ganzes Bild zu ziehen. Zudem ist eine Interpretation immer sehr subjektiv. Testpersonen haben in einer Studie, in der sie sich ein Musikstück anhören sollten und genau das selbe Musikstück eine Woche später noch einmal hörten, das Gehörte zum Teil komplett anders beschrieben. Denken ist eine subjektive Interpretation unserer Sinneseindrücke. Hätte Descartes gesagt: „Ich bin mir bewusst, dass ich alles um mich herum wahrnehme, also bin ich", hätte er richtig gelegen.

Eine einzige richtige Sichtweise kann es nicht geben. Wir alle interpretieren das Geschehen um uns herum auf unterschiedliche Weise. Unsere Sichtweisen können dabei so vielfältig sein wie wir selbst. Jeder hat seinen eigenen Blickwinkel. Erst durch den Austausch, die Kommunikation mit Anderen, können wir zu einem vollständigeren Bild unseres Seins gelangen. Durch unseren eigenen individuellen Blickwinkel neigen wir außerdem dazu, stets bestimmte Lösungsansätze oder Sichtweisen zu bevorzugen. Negativ ausgedrückt bedeutet dies, dass wir aufgrund unserer sehr individuellen Interpretation unserer Umwelt, dazu neigen, bestimmte Fehler besonders häufig zu machen. Der Schlüssel für ein objektiveres Gewahr werden, der uns umgebenden Welt liegt in der Fähigkeit, verschiedene, auch scheinbar widersprüchliche Sichtweisen zuzulassen. Jedes Sein, sei es das eines Atoms, einer Pflanze oder eines Menschen, ist eine einzigartige manifeste Interpretation, eine wahr gewordene Idee, ein wahr gewordener Traum unseres, sich träumend, selbst erschaffenden Universums.

Was wir heute als Intelligenz bezeichnen, ist Selbstbetrug. Anders ausgedrückt, ist es ein sich selbst referenzierendes Verhaltensmuster unseres Verstandes. Wir stellen unseren Kindern Aufgaben, die sie zu lösen haben: Bekommen wir die Antworten, die wir hören wollen, loben wir sie und halten sie für intelligent. Wir halten für intelligent, was wir selbst als intelligent definiert haben. Die Lösung mathematischer Aufgaben, komplizierte philosophische Betrachtungen oder Logik, betrachten wir als Ausdruck unserer Intelligenz. Wir haben uns aus dem Tierreich heraus entwickelt, durch die Schaffung immer effizienterer Werkzeuge. Wir haben eine Maschinenintelligenz geschaffen und messen daran unsere eigene Intelligenz. Auch sogenannte Intelligenztests basieren auf diesem Schema. Was sagt jedoch beispielsweise die Schaffung eines hochintelligenten Waffensystems, welches in der Lage ist, auf Knopfdruck 300.000 Menschen zu töten, über unsere eigene Intelligenz aus? Bin ich intelligent, weil ich ein Handy bedienen kann, oder ein Pferd dazu zwinge, mich auf seinem Rücken zu tragen?

Intelligenz beginnt dort, wo wir beginnen, die Dinge zu tun, die uns glücklich machen; wo wir mit dem Menschen, den wir lieben, zusammen leben, statt nur von der großen Liebe zu träumen; wo wir unsere Phantasie und unseren Verstand, dazu benutzen, Wege zu finden, immer wieder einander zu vertrauen oder zu verzeihen; wo wir das als Arbeit betrachten, was uns befriedigt; wo wir nicht Dummheiten oder Seifenblasen scheuen, wenn wir lachend oder mit Tränen in den Augen, von unseren Träumen erzählen.

Vor kurzem sah ich auf Youtube ein Video über einen Hund, der seinen Namen – mit einem Pinsel im Maul – auf ein Blatt Papier malen konnte. Am Ende des Videos war in großen krakeligen Lettern der Name des Hundes zu lesen und sein Herrchen war stolz auf ihn. Bei einem Hund, der solche Dinge vollbringt, sprechen wir von Dressur – beim Menschen von Intelligenz!? Glaubt dieser Hund nun seinerseits, er sei intelligenter als andere Hunde? Sicherlich nicht! Wenn es es aber doch dazu käme, dass nun alle Hunde glauben würden, sie wären intelligent, wenn sie ihren Namen schreiben könnten, würde wohl jeder Hund bald zu schreiben wissen und seine ursprüngliche Natur alsbald degenerieren.

Unser heutiger Intelligenzbegriff bezieht sich ausschließlich auf einige wenige Funkionen unseres Verstandes. Intelligenz ist jedoch die Fähigkeit, sinnvoll mit seiner Umwelt zu interagieren und kommunizieren zu können. Eine höhere Intelligenz geht nur mit einer stärkeren Parallelverarbeitung der Informationsfülle unseres Unterbewusstseins einher, in ihm ist alles verankert, was an Möglichkeiten in uns ist.

Vielfach ist die Rede davon, dass wir nur Bruchteile unseres Hirns, unserer Hirnsubstanz, nutzen – die Rede ist von etwa 10 %. Wenn wir die Leistungsfähigkeit unseres Hirns wirklich erhöhen wollen, brauchen wir jedoch einen wesentlich besseren Zugriff auf unser sogenanntes Unterbewusstsein. Dazu ist eine Entwicklung unserer Wahrnehmung und zuallererst unserer Körperwahrnehmung notwendig. Die Entwicklung wirklicher Intelligenz, wird in allererster Linie ein Zuwachs an Fähigkeiten im Umgang mit unserem eigenen Körper sein. In Schulen könnten Kinder lernen, ihre Körpertemperatur zu regulieren, die Zellregeneration, das Wachstum und die Leistungsfähigkeit ihrer Organe zu steuern. Auf diese Weise könnten sie lernen, ihre Selbstheilungskräfte bewusst einzusetzen, sich von Krankheiten zu heilen, oder den Nahrungsbedarf auf das Maß zu reduzieren, welches unser Körper wirklich braucht. Vielleicht werden uns unsere Kinder eines Tages damit überraschen, dass sie mit veränderter Haut-, Haar- oder Augenfarbe am Frühstückstisch sitzen und sich diebisch freuen, wenn ihnen die Überraschung gelungen ist. Statt in der Schule einen Frosch zu sezieren, sollten sie lernen, in seine Bewusstseinssphären einzutauchen, seine Träume und Beweggründe zu verstehen, zu fühlen oder zu denken wie er. Eine Hausaufgabe in der Grundschule, könnte darin bestehen, in das Bewusstsein eines Schneeglöckchens einzutauchen und mit ihm, die

ersten Sonnenstrahlen des Frühlings zu erleben,
zu fühlen, was es fühlt, wenn es das erste Mal
nach einem langen kalten Winter, das Licht der
wärmenden Sonne erblickt.

Teure Kommunikationstechnologien und der
Raubbau an unserem Planeten könnten der
Vergangenheit angehören, wenn wir lernen
würden, einander ohne Worte zu verstehen.
Etwas anderes ist Telepathie nicht! In Märchen,
phantastischen Geschichten und alten Mythen,
können wir erahnen, zu welchen Dingen wir
vielleicht fähig wären, würde unser Verstand uns
nicht unserer Flügel berauben. Henry Miller
schrieb dazu: *Wir sind alle des Verbrechens
schuldig, des großen Verbrechens, das wir nicht
voll leben. Aber wir haben alle die Möglichkeit,
frei zu sein. Wir können aufhören daran zu
denken, was wir zu tun versäumt haben, und
können tun,was in unserer Macht liegt. Was
diese Mächte, die in uns sind, sein mögen, hat
niemand sich wirklich vorzustellen gewagt. dass
sie unbegrenzt sind, werden wir an dem Tag
erkennen, an dem wir uns eingestehen, dass die*

Phantasie alles ist. Die Phantasie ist die Stimme des Wagnisses. Wenn etwas Göttliches an Gott ist, dann ist es das. Er wagte, sich alles auszudenken.

Die außergewöhnlich hohe Sensibilität und manchmal auch erstaunliche Klugheit unserer Kinder, ist auf ihren noch nicht voll entwickelten Neokortex zurückzuführen. In Indien sagt man, dass in den Worten der Kinder immer Wahrheit liegt. In Frankreich gibt es die Redensart, dass durch den Mund der Kinder die Engel reden. Wünschenswert wäre es, die besonderen Fähigkeiten unserer Kinder zu fördern, statt sie in Schulen und bei der Ausbildung auf das Niveau von Erwachsenen zu degenerieren. Kinder müssen begeistert werden. Begeisterung kann nur vermitteln, wer selbst für etwas Feuer und Flamme sein kann. Jemanden zu begeistern bedeutet, ihn in Schwingungen zu versetzten, seine Resonanz hervorzurufen. Begeisterung schafft leuchtende Augen und lachende Gesichter, nicht die Müdigkeit und das Desinteresse unserer Kinder, mit der sie heute aus der Schule kommen. Wenn wir den Kindern ihre Träume nehmen, nehmen wir ihnen ihre Kindheit! Sie ist aber, die in unseren Körper eingeschriebene Natur unserer Menschlichkeit.

Michel de Montaigne schrieb: *alle Menschen haben das gleiche Schicksal*. Dennoch erleben wir unser persönliches Schicksal, unsere Lebensumstände, häufig als von denen Anderer verschieden. Ist die Wahrnehmung unserer eigenen Individualität nur eine Illusion, *eine Art optische Täuschung des Bewusstseins*, wie Einstein es formuliert? Ist unser Schicksal determiniert, von Anfang an festgelegt? Warum besitzen wir unseren freien Willen, die Fähigkeit zu träumen, an etwas zu glauben, wenn wir am Ende doch einem Weg folgen müssen, dem wir scheinbar nicht entrinnen können? Ein Sarkasmus der Natur?

Wenn wir die Grausamkeiten der vergangenen Jahrhunderte oder auch der heutigen Zeit betrachten, scheint es so. Kaum jemand hat je die Chance gehabt, ein glückliches und zufriedenes

Leben zu leben. Unser Schicksal, das Schicksal der Menschen, scheint ein leidvoller, entbehrungsreicher Weg des nackten Überlebens zu sein. Krankheiten, Kriege und Umweltzerstörung sind tiefe Spuren, die wir Menschen auf unserem Weg hinterlassen haben. Noch scheint es so, als würden wir diesen Weg unbelehrbar bis zu unserer Selbstzerstörung fortsetzen. Wird eine Zeit kommen, in der unser Planet aufatmet: vier bis fünf Millionen Jahre Mensch – nun endlich vorbei, endlich Platz für intelligentes Leben? So sehr wir uns auch anstrengen, so ziemlich alles zu zerstören, was die Natur je geschaffen hat, sind wir doch untrennbar mit ihr verbunden. Wir stehen erst am Anfang unserer Entwicklung. Unserer Verstand hat sich noch nicht wesentlich über das Stadium des Jägers und Sammlers hinaus entwickelt. Wir waren die letzten etwa 45.000 Jahre so damit beschäftigt, unsere Fähigkeiten diesbezüglich zu vervollkommnen, dass wir heute da stehen, wo wir sind. Ein trauriges Fazit! Die vorhandenen Denkmuster von Religionen und Wissenschaft stellen dabei keinen Ausweg dar, sondern sind

wesentliche Ursachen unserer Entwicklung. So
wird in einigen Religionen gesagt, wir leben,
weil wir eine alte Schuld, ein Karma abtragen
müssen und unser jetziges Leid sei die Strafe
dafür, dass wir in einem anderen Leben irgend
einen Unsinn angestellt hätten. In einer anderen
Religion werden wir von unserer angeblichen
Schuld dadurch freigesprochen, dass man
jemanden grausam an ein Kreuz genagelt hat –
damit seien unsere Sünden vergeben. Zu
glauben, man dürfe nur keine Wünsche mehr
haben und könne so allem Leid entgehen, ist
ausgemachter Unsinn – und ebenso, zu glauben,
es existiere nur das, was wir auch sehen, messen
oder berechnen können und sonst nichts.

Solche Sichtweisen sind lebensverachtend und
zynisch. Unser Leben ist ein Geschenk an uns!
Wir werden mit der Fülle und der Schönheit
eines ganzen Universums beschenkt. Es ist an
uns, künftig unsere Kinder zu lehren, dieses
Geschenk behutsamer auszupacken und es nicht
zu zerstören, bevor wir begriffen haben, wozu es
da ist. Die Sinnhaftigkeit und Schönheit all

dessen können wir jedoch nur gemeinsam erfahren. Individualität ist die Loslösung vom Ganzen. Niemand muss oder sollte allein seinen Weg gehen müssen. Versuchen wir, unser Leben allein zu tragen, dann ist es tatsächlich eine Last – egal, wie wir uns anstrengen, dies zu ändern.

In den letzten Jahrhunderten ist unser Körper empfindsamer, verletzbarer geworden. Wir reagieren heute wesentlich sensibler auf Störungen unseres inneren Gleichgewichts. Unser Körper wie auch die Wahrnehmung des Ungleichgewichts in unserer Umwelt zwingen uns zum Umdenken. Die Natur fordert unsere Weiterentwicklung. Wir brauchen dazu keine neue Wissenschaft oder andere Religion. Unsere Verletzbarkeit, die Verletzbarkeit unserer Umwelt ist die Waagschale für unser Handeln und Denken.

Unser Schicksal ist in unseren Körper eingeschrieben. Er ist ein einzigartiger unverwechselbarer Teil des uns umgebenden Universums und untrennbar mit ihm verbunden.

Über unsere Bedürfnisse, Wünsche und Träume sind wir miteinander verbunden, hierin unterscheiden wir uns nicht. Wegen unserer Einzigartigkeit braucht jeder jedoch unterschiedliche Lösungsansätze zu deren Befriedigung. Lösungsansätze sind nicht universell, sie können nicht oder nur teilweise von Anderen kopiert werden. Hier sind wir aufgefordert, jeder für sich seinen eigenen Weg zu finden, entsprechend seiner Konstitution oder Veranlagung.

Unsere Konstitution wird in der Regel durch den Zeitpunkt unserer Geburt und durch Vererbung bestimmt. Darauf basiert die Entstehung unserer Einzigartigkeit. Sie bewirkt, dass wir bestimmte Verhaltens- oder Denkmuster bevorzugen oder eher zu bestimmten Erkrankungen neigen bzw. mit diesen geboren werden. Jeder von uns startet also auf die ihm eigene, unverwechselbare Weise in sein Leben. Jeder von uns beginnt mit winzigen zaghaften Schritten voller Hoffnung und Freude seinen einzigartigen Lebensweg und sucht dabei, die Balance zwischen seinen und unser aller Bedürfnissen und Möglichkeiten auszuloten. Es steht uns frei, wie wir diesen Weg gehen.

Der Weg größtmöglicher Individualität ist zugleich der schwerste Weg. Anti-Autoritäre Erziehung und „Kompetenzvermittlung" in Kindergarten und Schule, lassen unseren Kindern ausschließlich diesen Weg offen. Es ist eine „Try and Error"-, eine Versuch-und-Irrtum-Methode, bei der jeder selbst herausfinden muss, ob sie funktioniert oder nicht. *Die Erfahrung ist der erbärmlichste aller Lehrer; sie bittet zur Prüfung, noch bevor der Unterricht begonnen hat*, schrieb einmal jemand. In China sagt man, ein Kind ist wie ein Fluß. Ist es stark, braucht es starke Ufer, sie geben ihm die Richtung. Fehlen sie, überschwemmt es die Ebenen.

Welche „Kompetenzen" können wir überhaupt vermitteln, um nicht zu stolpern oder zu scheitern? Wie können wir oder unsere Kinder lernen, welcher der „richtige" Weg ist? Welche Kompetenzen oder Fähigkeiten müssen wir entwickeln, um unseren unverwechselbaren, einzigartigen Lebensweg zu finden, auf dem wir gesund und glücklich unbeschwert ein hohes Alter erreichen können?

Kompetenzvermittlung sollte vor allem darauf beruhen, dass wir uns unserer Gefühle bewusst werden und sie auch als solche akzeptieren. Unsere Gefühle sind die Sprache unseres Körpers. Ängste, Zweifel oder Unsicherheit gehören eben dazu. Wir sind inzwischen Meister der Verdrängung unserer Gefühle geworden, haben exzellente Vermeidungsstrategien entwickelt und geben diese schon früh an unsere Kleinsten weiter. Ängste sind weder dumm noch etwas was wir nicht zu haben brauchen. Auf unsere Ängste zu hören bedeutet, auf unseren Körper zu hören, ihm Achtung zu schenken. Die Ängste unserer Kinder zu achten, bedeutet, unsere Kinder zu achten.

Als wir vor einigen Wochen auf dem Parkplatz eines Supermarktes aus dem Auto aussteigen wollten, sagte mein sechsjähriger Sohn, er wolle nicht aussteigen, da draußen wäre ein großer Hund. Ich fragte ihn, ob wir solange warten wollen, bis er weg sei. Er nickte und wir unterhielten uns über liebe und böse Hunde.

Auch Zweifel gehören zu den Facetten einer reichen Gefühlswelt. Der Umgang mit Ambivalenzen ist nicht für Alle gleichermaßen einfach. Im Gegenteil: Statistisch neigen Menschen mit höherer Intelligenz häufiger zu Zweifeln als andere. Auch im Sternbild Skorpion Geborene sind äußerst prädestiniert, ein Leben voller Zweifel zu leben; es ist ihnen sozusagen in die Wiege gelegt worden, der Klang dieses Tones ist ihnen meist vertrauter als Anderen. In der Apostelgeschichte wird der Zweifelnde durch den heiligen Thomas repräsentiert, der sich nach der Auferstehung Jesu ungläubig dessen Wunden zeigen ließ.

Unser Körper schlägt diesen Ton an, wenn er Bedenken an unseren Entscheidungen oder den Entscheidungen Anderer anmelden möchte. Wir sollten ihn nicht ignorieren oder mit

Argumentationen zum Schweigen bringen. Wir sind mit all unseren sieben Sinnen (vielleicht sind es auch noch einige mehr) mit unserer Umwelt verknüpft und reagieren auf die uns eigene, einzigartige Weise auf sie. Unsere Sinnesorgane sind Resonanzorgane: Sie reagieren, wenn sie entsprechend stimuliert werden. Der sechste Sinn beispielsweise ist unser Gefahrensinn – ihn teilen wir auch mit den Tieren, bei denen er wesentlich ausgeprägter ist als bei uns. Er ist eine Art Frühwarnsystem, Angst gehört in sein Ressort.

Für weiter entfernte Ereignisse, also künftiges Geschehen sind wir mit dem siebten Sinn ausgestattet. Zeit ist schließlich nur ein subjektiver Betrachtungswinkel einer Abfolge von Ereignissen. Auf der Ebene unseres kosmischen Bewusstseins, fließen alle Ereignisse zu einem einzigen Punkt zusammen. Immer wenn wir also denken „habe ich es doch gleich gewusst" oder „hätte ich mir auch denken können", hatten wir mit diesem Sinn reagiert und in der Regel unsere Zweifel ignoriert.

Das Bild welches wir durch unsere Sinnesorgane erhalten, ist ebenso einzigartig wie wir selbst. Deshalb reagieren wir auch unterschiedlich auf unsere Umwelt. Bestimmte Dinge liegen uns mehr, andere nicht. Dadurch wird in gewisser Weise unser Leben vorbestimmt. Wir können aber auch andere Verhaltensweisen ausprobieren. In ihrem WhatsApp-Status hat meine elfjährige Tochter geschrieben: *Kann ich mein Leben mal kurz speichern und was ausprobieren?* Die angeborenen Verhaltensmuster oder unsere Konstitution stellen lediglich ein „angebotenes Optimum" dar, das Optimum der höchsten Leistungsfähigkeit unseres Körpers. Manchmal kommen wir eben erst auf Umwegen ans Ziel. Das Ziel aber ist immer das Erkennen oder Begreifen der Sinnhaftigkeit dieses Optimums. Es ist der Weg des geringsten Widerstandes.

Es steht uns frei, unsere Individualität auszuleben und unseren eigenen willensgesteuerten Weg zu gehen. Unser Leben ist jedoch mit den Bedürfnissen unseres Körpers verknüpft, wir können ihm nicht dauerhaft seine basalen Bedürfnisse versagen, nur weil unser Terminkalender es nicht zulässt oder es gerade schick ist, als Single durchs Leben zu stolzieren. Bleiben die Bedürfnisse unseres Körpers längere Zeit unberücksichtigt, wird er krank. Statt auf die Bedürfnisse unseres Körpers künftig besser zu achten, bekämpfen wir die Krankheiten und versuchen unseren Körper „nachzubessern" oder zum Schweigen zu bringen. Es geht aber nicht ausschließlich darum, dass unser Körper tut, was unser individuelles Ego von ihm verlangt, sondern darum, dass wir lernen, uns der Leistungsfähigkeit und der Bedürftigkeit unseres Körper anzupassen. Dies ist der Weg der Rückkehr ins Paradies. Es geht darum, zu erkennen, dass unser Körper in seiner Einzigartigkeit uns einen Weg andeutet, auf welchem wir unserer Sinnhaftigkeit und Bedeutung im Universum teilhaftig werden können und dass jeder von uns der ist, der er sein sollte. Finden wir dies heraus, so wird sich der Dämon der eigenen Bedürfnisse in den schwarzen Drachen verwandeln, der das Wissen und die Intelligenz der Welt mit ihren Bedürfnissen in sich trägt, so das Neidan.

Nichts bedarf einer wirklichen Veränderung oder Neuerung. „Jetzt oder nie", ist lediglich ein Slogan für den Überlebenskampf. Wir haben alle Zeit der Welt. Im Leben brauchen die Dinge ihre Zeit. Materie ist träge und braucht ihre Zeit, sich nach unseren Wünschen zu gestalten. Wir neigen aufgrund unseres Verstandes häufig dazu, Dinge zu verändern, weil wir den Wert und die Sinnhaftigkeit dessen, was ist nicht wahrzunehmen in der Lage sind. Aus Ungeduld oder Mangel an Vertrauen neigen wir dann zu Kurzschlussreaktionen und Fehlentscheidungen, deren Folgen unser Leben und häufig auch das Leben Anderer nachhaltig oder dauerhaft beeinflussen. Ein Paradies wird nicht dadurch schöner, dass wir ein Vier-Sterne-Hotel hineinstellen. Oft sind die Folgen solcher Denkweisen jedoch nicht mehr umkehrbar – wie eine Operation, eine Trennung, der Bau eines Staudamms oder eben eines Vier-Sterne-Hotels. Die Folgen solcher Verhaltens- und Denkweisen tragen wir jedoch alle. Da jeder Einzelne von uns auch Teil des Ganzen ist, sind selbst die simpelsten Fehlentscheidungen eines Einzelnen nie ohne Folgen für das Ganze.

Fehlentscheidungen wird es immer geben, sie sind Teil unseres Lebens, unseres menschlichen Denkens. Solange wir sie jedoch nicht als solche akzeptieren und sie immer wieder rechtfertigen, werden wir sie wieder und wieder wiederholen. Erst wenn wir die Größe besitzen, uns unsere Fehler einzugestehen, kann die Achtung von Anderen und damit die Achtung vor uns selbst wachsen. Aus unseren schwersten Fehlern wachsen unsere größten Tugenden, schreibt sinngemäß Nietzsche.

Veränderungen sind wichtig. Wir besitzen unseren Verstand, um uns Gedanken zu machen und Entscheidungen zu treffen. Unser Leben verlangt ständig Entscheidungen von uns. Es geht nicht darum, uns asiatische Lebensansichten anzueignen und das Gemüt eines Wiederkäuers zu erlangen. Wenn wir gesund und glücklich sein wollen, geht es schon allein darum, unser Leben mit allen Sinnen zu genießen. Mit allen Sinnen heißt aber auch mit all seinen Aspekten, seiner Vielschichtigkeit. Dazu gehören eben auch die Vitalität unseres Körpers, das Erleben von Einzigartigkeit durch die Liebe, das Gefühl, Teil einer Gemeinschaft zu sein, der achtsame Umgang miteinander und das Erkennen der Sinnhaftigkeit dessen, was ist. Dies sind nichts weiter als die Facetten ein und desselben Lebens, ein und desselben Seins – eines Seins, das getragen ist von einer unvorstellbaren sich entwickelnden Intelligenz und deren Teil wir sind.

Epilog

Es ist inzwischen Frühling geworden. In dem kleinen Vogelhäuschen, das mein Sohn letztes Jahr knallig bunt angemalt hat, hat sich eine kleine Spatzenfamilie eingenistet. Wir hatten es hoch oben unter dem Dach angebracht, sicher vor den Katzen des Nachbarn. Die Nachbarn hatten gesagt, es wäre zu bunt, da würden keine Vögel einziehen. Nun, den Spatzen scheint es zu gefallen: Sie teilen offenbar den Geschmack meines Sohnes und zwitschern mit den anderen Spatzen um die Wette.

Es ist noch früh am Morgen, Luft und Erde sind noch schwer, vom Regen der letzten Nacht. Ein Reiher fliegt mit ruhigen Flügelschlägen dicht über das alte Haus. Das Dorf ist noch nicht erwacht, schläft noch, träumt noch von längeren Tagen und mehr Wärme. Die Schwäne im nahen Teich haben inzwischen zu brüten begonnen. Drei weißgrau gesprenkelte Eier liegen in ihrem Nest nahe der Straße. In einigen Wochen werden drei graue Schwanenkinder das Licht der Welt erblicken und neugierig schnatternd ihre unsicheren Schritte ins Leben wagen. Sie werden es kaum erwarten können, groß zu werden, zu fliegen und ein ebenso weißes Federkleid zu tragen, wie ihre Schwaneneltern. Die Natur will es so, sie meint es gut!

Es fasziniert mich immer wieder, wenn ich kleine Kinder sehe: Ihre leuchtenden Augen, ihr Strahlen, ihre Neugier. Vor zwei Wochen brachte ein junger Papa seine gerade einmal 5 Tage alte kleine Tochter mit. Sie lag in ihrer kleinen Trage, noch mit geschlossenen Augen, ihr kleiner Mund lächelte gelegentlich. Alles dran, sagte der Vater stolz – kleine Hände, die Füßchen, die Stupsnase und die winzigen Ohren. Vollkommen ist sie zur Welt gekommen, wie wir alle.

Es macht mir Angst, dass wir für ein bisschen eigene Bequemlichkeit, immer achtloser mit unserer Umwelt und dem Leben Anderer umgehen. Mir macht es Angst, dass wir eine Freundschaft oder eine Liebe achtlos wegwerfen, dass wir einander nicht mehr verzeihen können, weil wir zu müde zum Träumen geworden sind oder dazu, aufeinander zuzugehen. Auch macht es mir Angst, dass wir achtlos einen Baum fällen, der älter ist als es je ein Mensch sein wird, weil wir es leid sind im Herbst sein Laub zu kehren.

Als Achtjähriger habe ich mich gefragt, warum Erwachsene so kompliziert sind, warum sie einander so feindlich sind. Meine Kinder stellen heute die gleichen Fragen. Für sie ist vieles unverständlich, was wir Erwachsenen tun. Ihre Klugheit, ihre Sensibilität und Verletzbarkeit sollten der Maßstab unseres Handelns und Denkens werden. Sie tragen das Bewusstsein der Verletzbarkeit von uns allen in sich.

Bärnsdorf Mai 2016

Bildnachweis:

Abbildungen:

Maja Nagel

Detail aus "quelle", 2004. Collage, 29,7x42cm

„dialog 2", 2011, Bleistift auf Papier, 31x21,5cm

Umschlaggestaltung:

Frank Lohmann

Autor:

Vittai Danhoff

wurde als tanzender Stern im Chaos geboren. Es
war zur Zeit des Vollmondes. Als man ihm sagte,
Ordnung sei das halbe Leben, begann er, nach
der anderen Hälfte zu suchen.

Eine Fruchtfliege behauptet steif und fest, er
hätte nur in einer Seifenblase existieren können.
Aber was wissen Fruchtfliegen denn schon vom
Leben? Sie kennen nur die Geschichten, die der
Wind erzählt.